LES
ARBRES

Bibliothèque de la Nature / **Bordas**

LES
ARBRES

Keith Rushforth

Texte français de
Paul Kinnet

Bordas

Dans la même collection

Les rivages marins
Les oiseaux
Les fossiles

Keith Rushforth a enseigné la sylviculture
à l'université d'Aberdeen. Il est
maintenant conservateur de l'arboretum
Hillier, dans le sud de l'Angleterre, qui
contient la plus belle collection de plantes
ligneuses des régions tempérées qui soit au
monde. Il est l'auteur de nombreux
articles et d'un autre livre sur les arbres.

Titre original : *Trees*
ISBN : 0.600.35622.1
© The Hamlyn Publishing Group Ltd, 1983

Illustrations :

Henry Barnet, Ian Garrard, The Hayward Art Group, Tim Hayward, David More,
David Pratt, Karel, Thole, The Tudor Art Agency Ltd., Ross Wardle.

Photographies :

AUSTRALIAN INFORMATION SERVICE, LONDRES 67 ; BIOFOTOS,
FARNHAM : Heather Angel 26-27, 39, 41, 43 en bas, 48, 61, 65 ; BRUCE
COLEMAN, UXBRIDGE : Gene Ahrens 9 en haut, Eric Crichton 38, Hans Reinhard
6-7 ; FORESTRY COMMISSION, FARNHAM 19 au centre, 19 en bas, Dr Julien
Evans 66 ; HAMLYN GROUP PICTURE LIBRARY 15 en haut, 15 en bas, 16, 17, 19
en haut, 21 en haut, 21 en bas, 22 en haut, 22 en bas, 29 en haut, 29 en bas, 32 en
haut, 32 au centre, 32 en bas, 76 ; BRIAN HAWKES, NEWNHAM 36-37 ; NATURAL
HISTORY PHOTOGRAPHIC AGENCY, HYTHE 51, 52, 58, J. Bafree 28 en bas,
Douglass Baglin 26, Anthony Bannister 27 en haut, 43 en haut, N.A. Callow 23 en
haut, J. Cambridge 8 en bas, 70, D.N. Dalton 30 en bas, Stephen Dalton 12, 57 à
gauche, Douglas Dickens 28 en haut, 30 en haut, 31, Brian Hawkes 96, E.A. Janes 8
en haut, 14, P. Johnson 73 à gauche, Jerg Kroener 40, M. Morcombe 25 en haut, Ivan
Polunin 24, 72, 74, M. Williams 75 ; KEITH RUSHFORTH, WINCHESTER 13 en
bas, 57 à droite, 73 à droite.

Edition française :
ISBN : 2-04-012887-5
© Bordas, Paris, 1983

Dépôt légal : février 1986
Photocomposition et montage : Pierre
Gresse s.p.r.l., Liège.
Achevé d'imprimer en février 1986
par New Interlitho, Milan.
Imprimé en Italie.

Sommaire

Avant-propos

Sans l'extension de la race humaine, il y aurait beaucoup plus d'arbres et de grandes zones forestières à la surface du globe, et leur aspect serait souvent très différent. L'homme a apporté beaucoup de modifications à son environnement en détruisant les forêts avec insouciance pour un profit immédiat et en modifiant de façon importante les types de forêts. Dans le contexte géologique, c'étaient les facteurs physiques — climat, altitude, nature du sol, etc. — qui déterminaient si une région pouvait supporter une forêt, mais l'influence de l'homme s'est faite sentir avec une relative rapidité et a laissé sa marque sur tous les points du globe.

Dans les régions où un climat égal a favorisé le développement de la civilisation, l'exploitation des ressources forestières a causé des dommages irréversibles. La majeure partie de la région méditerranéenne était jadis couverte de forêts de feuillus et de pins. Celles-ci ont presque toutes disparu, et le maquis broussailleux qui subsiste est de peu d'utilité en dehors de son rôle mineur de stabilisation du sol. Pendant longtemps, les gens ont ignoré les effets à long terme de l'abattage des arbres à une vaste échelle, mais le pillage des forêts méditerranéennes donne une rude leçon. Malgré cela, des forêts continuent de disparaître dans certaines parties du monde, sans être remplacées.

Les écologistes espèrent qu'une meilleure compréhension des arbres et de leur rôle dans la toile compliquée de la vie végétale et animale finira par conduire à une conception plus restrictive de leur abattage et de leur usage.

Introduction

Les arbres vivent, les arbres meurent. Dans les pages qui suivent, on trouvera quelques-uns des mystères de leur existence. Les arbres dont il est question et qui sont illustrés ici ne représentent qu'une petite fraction de toutes les espèces du monde. On s'est limité à en fournir une sélection utile et intéressante. Il s'agit des arbres les plus courants des hémisphères Nord et Sud, ainsi que de ceux qui sont cultivés pour leur bois.

Les arbres sont beaux, mais ils ont aussi une grande importance dans notre vie. Ils nous procurent des services et des bienfaits que les autres plantes et les animaux sont incapables de nous offrir. Cela va des produits de charpente et des huiles essentielles aux essences, aux produits alimentaires et aux articles d'agrément. Un paysage sans arbres est une idée qui effraie bien des gens, mais de tels paysages deviennent de plus en plus courants à mesure que la rapacité de l'homme pour le bois et pour les terrains forestiers soumet à une intolérable pression les ressources sylvestres qui subsistent.

Tous les arbres ont au moins un nom, le principal étant le nom botanique. Lorsque les botanistes commencèrent à nommer les arbres au XVIIIᵉ siècle, le latin était la seule langue comprise en Europe par tous les gens instruits. Il servait alors à donner aux plantes leur appellation internationale, et le système est encore en vigueur aujourd'hui. Ce nom est composé de deux éléments : un nom de genre et un nom d'espèce.

Un genre peut se composer d'une ou de plusieurs espèces, et si de nombreux arbres de différents genres peuvent avoir le même nom d'espèce, la combinaison est toujours unique. Toutes les espèces au sein d'un genre ont différentes caractéristiques communes qui se rapportent surtout à la floraison et à la fructification. Les individus d'une espèce ont en commun certaines caractéristiques. Dans *Acer pseudoplatanus, Acer* est le nom du genre et *pseudoplatanus* celui de l'espèce. Parfois, une espèce se divise encore en deux ou trois unités plus petites appelées *variétés* ou *sous-espèces*. Des individus sélectionnés

Une vie commence, une vie s'achève. L'image du haut montre de jeunes pousses de hêtre sous les arbres parents. Beaucoup ne survivront pas parce que peu de lumière atteint le sol de la forêt, sauf au début du printemps. Or toutes les plantes vertes ont besoin de lumière pour pousser. L'image du bas montre le tronc d'un hêtre qui a atteint un âge canonique avant de mourir, et qui offre maintenant un abri aux champignons.

ou des hybrides sont reproduits par bouturage : on les appelle alors cultivars ou clones. Généralement, le nom latin donne une indication sur la plante : à quoi elle ressemble (le *Sequoiadendron giganteum* est très grand) ; d'où elle vient (*Persea americana*, l'avocat, est originaire d'Amérique centrale) ; qui l'a découverte (*Magnolia Wilsonii* a été découvert par Ernest Wilson en 1904).

Les genres qui ont des caractéristiques communes sont regroupés en *familles*. La plupart des doubles pages de la seconde moitié de ce livre sont consacrées à une seule famille importante.

Les noms usuels sont plus faciles à retenir, mais ils n'ont qu'une valeur locale ou dialectale et ils peuvent prêter à confusion dans un contexte international. L'exemple cité ci-dessus, *Acer pseudoplatanus*, s'appelle faux platane ou érable sycomore en français, *Berg-Ahorn* en allemand, *Gewone esdoorn* ou *Bergesdoorn* en néerlandais, *vuorivaahtera* en finnois et *sicomoro* en espagnol. On le nomme *Sycamore* en Angleterre, *Plane* en Ecosse et *Sycamore Maple* en Amérique, où l'arbre appelé *Sycamore* est un véritable platane *(Platanus occidentalis)*. Quant au sycomore de la Bible, il n'a rien à voir avec cet arbre : c'est un figuier, le *Ficus sycomorus*.

Les arbres contribuent fortement à la qualité de la vie. Le contraste entre ce domaine agricole agréablement arboré, dans le Vermont, aux Etats-Unis, et la désolation du territoire industriel sans arbres que l'on voit plus bas le souligne suffisamment.

Comment poussent les arbres

Comment naissent de nouvelles pousses

Les nouvelles pousses de plantes sont issues de groupes particuliers de cellules appelées méristèmes. Ceux-ci se présentent surtout à l'extrémité des rameaux lorsque les arbres caducs se revêtent de nouvelles feuilles de tissu de méristème qui ont été protégées durant l'hiver à l'intérieur des bourgeons. Lorsque l'hiver s'achève, ces feuilles toutes prêtes se déploient rapidement et l'arbre se couvre bientôt de feuilles vertes. Cependant, la plupart des plantes ne développent que plus tard de nouveaux rameaux longs, c'est-à-dire au début de l'été quand le risque des gelées printanières est passé. La croissance en longueur se produit lorsque se créent de nouveaux rameaux et de nouvelles feuilles. Le rameau ne peut s'allonger que lorsqu'il est tendre et vert. Une fois ligneux, il ne le peut plus. Quand les jours raccourcissent, au milieu de l'été, la croissance en longueur s'arrête et de nouveaux bourgeons se forment pour l'année suivante.

La coupe du tronc

Le tronc d'un arbre est constitué d'un certain nombre d'éléments.

Ci-dessous: **un rameau de marronnier de trois ans, avec ses bourgeons d'hiver et de grandes cicatrices ou « traces ».**

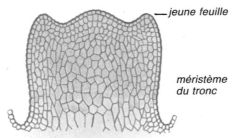

— jeune feuille

méristème
du tronc

dans cette région, les cellules se différencient
pour former des cellules spécialisées

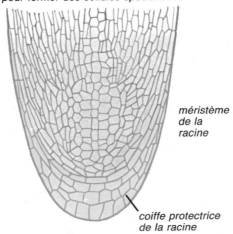

méristème
de la
racine

coiffe protectrice
de la racine

Ci-dessus: **le méristème. Chaque cellule contient l'information chimique qui lui permet de se développer en n'importe quel tissu adulte.**

A l'extérieur se trouve l'écorce, et, si vous la regardez de près, vous constaterez qu'elle est faite de deux parties très différentes. Les couches externes sont constituées de cellules mortes à l'aspect de liège. Elles servent à protéger le tronc du monde extérieur. La couche interne est faite de cellules vivantes. Sa fonction consiste à transporter les sucres fabriqués par les feuilles dans les autres parties de l'arbre.

La partie centrale du tronc est faite de bois. Une nouvelle couche de bois se forme chaque année. Au printemps et au début de l'été, le type de bois qui se forme est destiné à transporter de grandes quantités d'eau des racines jusqu'aux feuilles. Il est relativement tendre, avec de grands vaisseaux dans lesquels l'eau circule. On l'appelle bois de printemps. Plus tard, en été, des cellules à cloisons plus épaisses se déposent pour donner du soutien à l'arbre. Ces cellules sont appelées bois d'été et elles sont d'une couleur plus sombre que le bois du printemps. Le bois vivant qui se trouve autour de l'extérieur de l'arbre est appelé aubier, alors que le bois plus sombre qui se trouve au centre est mort : on l'appelle bois de cœur. Le bois de cœur contient des dépôts qui le rendent durable.

La coupe d'une feuille

La fonction de la feuille est de capter l'énergie solaire pour combiner l'eau et le gaz carbonique de l'air afin de fabriquer les sucres. Les feuilles servent aussi à répartir les produits de ce processus appelé photosynthèse.

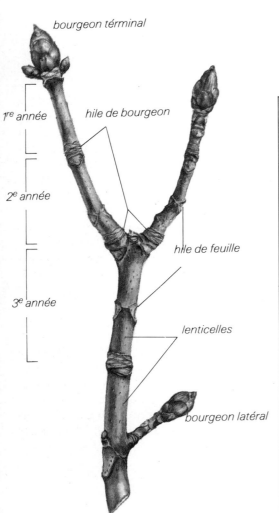

bourgeon términal

1re année

hile de bourgeon

2e année

hile de feuille

3e année

lenticelles

bourgeon latéral

Coupe d'un tronc. Chaque bande contient du bois de printemps (clair) et du bois d'été (foncé), et représente une année de la vie de l'arbre (ici, environ 75 ans).

anneaux
de croissance annuelle

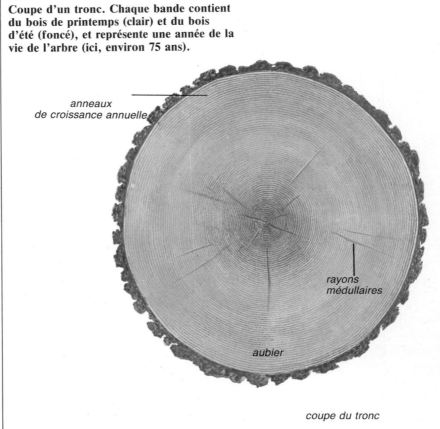

rayons
médullaires

aubier

coupe du tronc

La plante doit contrôler son usage de l'eau, et l'épiderme est rendu imperméable par une épaisse cuticule cireuse. Des pores spéciaux appelés stomates s'ouvrent disposés sur la face inférieure de la feuille de sorte que le gaz carbonique peut se répandre à l'intérieur, et l'oxygène, un sous-produit, se dégager vers l'extérieur. Dans la zone verte qui contient les chloroplastes s'opère la photosynthèse. Les nervures sont le tissu conducteur, comprenant le xylème, qui amène l'eau et les aliments depuis les racines, et le phloème de l'écorce interne qui transporte les produits de la photosynthèse.

La germination des semences

Pour germer, une semence doit absorber de l'eau et se dilater en faisant éclater sa cosse. Elle fait alors jaillir une racine primaire appelée radicule. Celle-ci croît en s'enfonçant dans le sol.

Ci-contre: **coupe d'une feuille de sycomore montrant les cellules photosynthétiques, ou chloroplastes, la nervure principale et les nervures secondaires.**

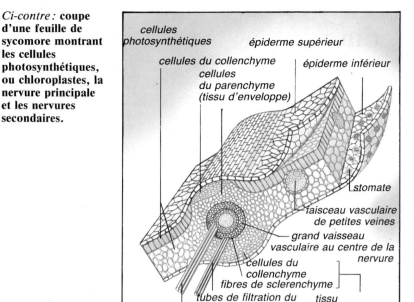

cellules photosynthétiques
épiderme supérieur
cellules du collenchyme
cellules du parenchyme (tissu d'enveloppe)
épiderme inférieur
stomate
faisceau vasculaire de petites veines
grand vaisseau vasculaire au centre de la nervure
cellules du collenchyme
fibres de sclerenchyme
tubes de filtration du phloème
tissu de renforcement
vaisseaux conducteurs de xylème

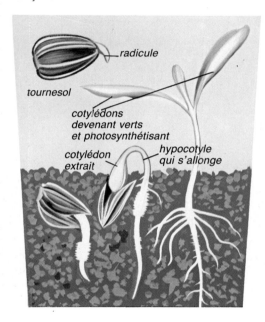

radicule
tournesol
cotylédons devenant verts et photosynthétisant
cotylédon extrait
hypocotyle qui s'allonge

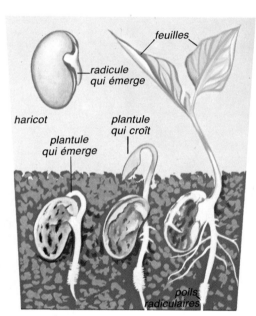

feuilles
radicule qui émerge
haricot
plantule qui croît
plantule qui émerge
poils radiculaires

Ci-contre: **germination épicotyle. Les cotylédons restent sous le sol d'où sort une pousse ou «plantule».**

A gauche: **la germination hypocotyle dans laquelle les feuilles de la semence, ou cotylédons, se soulèvent du sol.**

Ci-dessous: **segment d'un tronc montrant l'écorce, l'aubier et le bois de cœur. Le cambium qui sépare l'écorce et le bois est une fine couche de cellules qui se divisent,** formant des cellules de xylème (bois), à l'intérieur, et de phloème (écorce), à l'extérieur. La croissance ne s'effectue que dans le cambium.

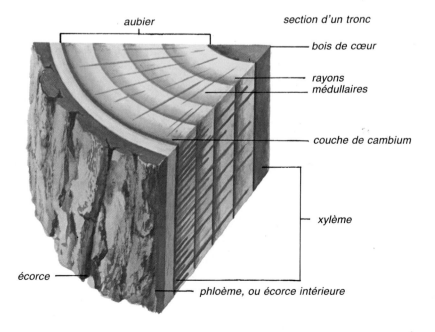

aubier
section d'un tronc
bois de cœur
rayons médullaires
couche de cambium
xylème
écorce
phloème, ou écorce intérieure

La germination peut s'effectuer de deux manières. Dans la méthode la plus courante, la radicule fait émerger les cotylédons ou premières feuilles. La photosynthèse commence alors, et les véritables feuilles se forment. Le sycomore et le frêne sont des exemples d'arbres courants qui utilisent ce type de germination.

Dans l'autre méthode, les cotylédons demeurent sous le sol, dans la cosse de la semence, et une pousse portant de vraies feuilles sort à travers le sol. Le chêne et le marronnier d'Inde en sont des exemples.

De nombreuses semences d'arbres ne germent pas dès qu'elles sont mûres, mais elles ont besoin d'une période de sommeil. L'avantage de la germination retardée est de permettre à la semence d'attendre des conditions climatiques favorables, telles qu'elles se présentent à la fin du printemps, ou de permettre à différentes semences d'une même plante de germer sur une certaine période.

Comment les arbres se reproduisent

Les générations successives des espèces d'arbres sont assurées par des semences qui sont le produit d'un processus de reproduction sexuelle. L'avantage de la reproduction sexuelle est de permettre aux gènes des deux parents de se mélanger. Chaque semence recevra de chaque parent une série de gènes légèrement différente, de telle sorte qu'elle sera unique. Certaines semences seront mieux adaptées à des conditions particulières, si bien que l'espèce pourra mieux s'acclimater à une plus grande variété de sites que si la génération suivante avait été identique à celle des parents.

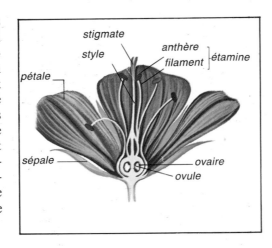

Coupe d'une fleur type.

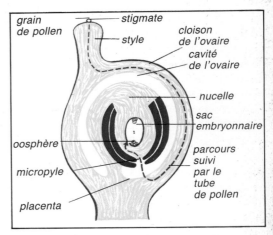

Fertilisation d'un oosphère par un grain de pollen.

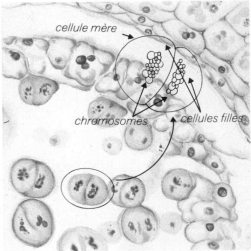

Ci-dessus : **division cellulaire (meïose) durant la fabrication des grains de pollen. La cellule se divise en deux cellules filles.**

Ci-contre : **une abeille transférant le pollen pendant la récolte du nectar d'un chaton de saule Marsault.**

L'échange de gènes se réalise par la fécondation. Les gamètes femelles, ou oosphères, sont sur la plante mère, mais les organes mâles, ou grains de pollen, sont portés de fleur en fleur. Il y a deux méthodes pour disperser les grains de pollen : ou c'est le vent qui les amène sur la fleur femelle, ou c'est un insecte qui les dépose (ou parfois quelque autre animal, comme le colibri).

Une fleur caractéristique se compose d'une tige, ou pédoncule, d'un anneau de sépales appelé calice, d'un anneau de pétales appelé corolle, de parties mâles, ou anthères, qui se trouvent sur leurs propres tiges appelées étamines, et de parties femelles. Celles-ci se composent des ovaires, reliés au stigmate par le style.

Un grain de pollen est déposé sur les stigmates. Il y germe et descend par le style vers les ovaires, où il fertilise un œuf. Celui-ci se développe alors en semence dotée de matières nutritives qui lui permettent de germer et de commencer à croître. Lorsqu'il existe plusieurs ovaires, il y a généralement un nombre égal de stigmates ou de lobes de stigmates.

Les fleurs qui sont fécondées par les insectes doivent posséder au moins un mécanisme pour les attirer. La plupart en ont deux ou trois. Généralement, elles sécrètent un nectar que les abeilles transforment en miel. Le parfum est souvent utilisé comme moyen d'attraction. Il s'agit généralement d'un parfum agréable. Enfin, les fleurs sont souvent éclatantes, avec des pétales de couleurs vives qui attirent les insectes visuellement.

Les fleurs qui sont fécondées par le vent n'ont pas besoin, elles, de faire de la publicité. Le vent ne leur apporte le pollen que par hasard. Les fleurs femelles ont tendance à être très petites et presque invisibles, et on les trouve généralement au sommet ou près du sommet de l'arbre. Les fleurs mâles, généralement des chatons, se situent plus bas, de sorte que le vent enlève le pollen et le porte plus haut, vers les fleurs femelles.

La fécondation par le vent requiert l'émission de grandes quantités de pollen dont la plus grande partie atterrit partout sauf sur la fleur adéquate. La fécondation par les insectes réduit le gaspillage, le pollen étant transporté de fleur en fleur.

Certaines plantes ont des semences auxquelles sont attachés des poils ou des ailes, ce qui leur permet de prendre le vent et d'être réparties sur de nouveaux sites. D'autres s'en remettent à des oiseaux ou à des animaux qui récoltent les graines pour les manger et qui en laissent tomber quelques-unes, ou qui ne mangent pas toute la provision. De nombreux arbres entourent les semences d'une enveloppe agréable au goût. Les graines sont mangées et traversent les entrailles de l'animal sans difficulté, ou elles sont rejetées comme non comestibles.

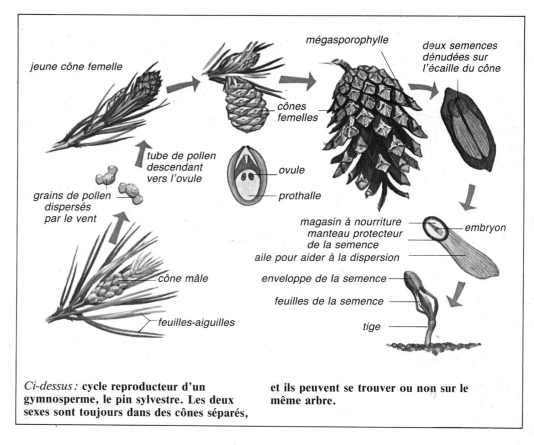

Ci-dessus : **cycle reproducteur d'un gymnosperme, le pin sylvestre. Les deux sexes sont toujours dans des cônes séparés,** et ils peuvent se trouver ou non sur le même arbre.

Ci-contre : **les fleurs jaunes de l'Acacia confusa attendent les insectes pour la pollinisation. Les formes de feuilles ne sont pas de vraies feuilles, mais des pétioles aplatis ou « phyllodes ».**

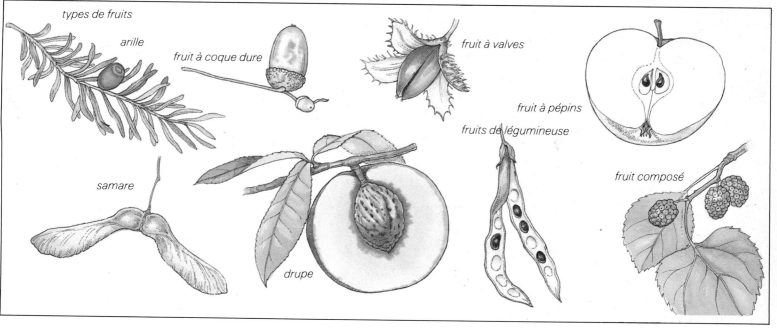

Les racines

Les racines remplissent deux fonctions vitales : elles doivent puiser dans le sol l'eau et les minéraux ; elles doivent assurer l'ancrage. Elles sont la partie invisible de l'arbre et représentent 40 % de son poids total.

Les racines commencent par la première radicule issue hors de la graine au début de la germination. La radicule s'enfonce dans la terre, puis des racines latérales naissent et forment la base du système radiculaire déployé.

Les racines diffèrent des tiges et des autres parties de la plante par bien des aspects. Elles ne portent manifestement ni feuilles, ni fleurs, ni fruits, et elles sont principalement, bien que non exclusivement, souterraines. Elles ne produisent ni bourgeons dormants ni nodosités de croissance.

Une jeune racine, lorsqu'elle commence à pousser, est tendre et fragile et elle est couverte, à l'extrémité qui croît, d'une coiffe qui est un rassemblement de cellules devant le méristème terminal qu'elle protège. La coiffe est constamment usée et remplacée.

Derrière la pointe de la racine, il y a la région pilifère couverte de poils. Ces excroissances velues aident à extraire l'eau et la nourriture du sol. Leur vie est courte. Derrière la courte zone de poils radicellaires commence le processus de l'épaississement secondaire. Celui-ci transforme la racine en une solide structure ligneuse où la prise d'eau et de nourriture est réduite.

Les racines ne peuvent croître que sous certaines conditions. Elles ne pousseront pas dans un sol lourdement compact ni dans un terrain gorgé d'eau car celle-ci envahit les espaces aérés. Les racines sont dès lors incapables d'obtenir l'oxygène dont elles ont besoin. De même, les racines ne peuvent pousser dans ou à travers un sol sec. Elles sont donc incapables de rechercher l'humidité, mais seulement de pousser à travers un sol humide. C'est pour toutes ces raisons qu'un système radiculaire descend rarement à plus d'un mètre de profondeur.

Les racines de presque toutes les espèces sont impliquées dans une forme de symbiose

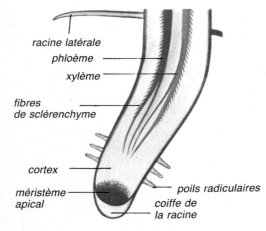

Ci-dessus : **section verticale d'une racine montrant le point de croissance et le développement du phloème et du xylème.**

racine latérale
phloème
xylème
fibres de sclérenchyme
cortex
méristème apical
poils radiculaires
coiffe de la racine

Photo du haut : **un hêtre tombé montrant son système racinaire. L'ancrage assuré par les racines d'un arbre est très efficace et ce spectacle est insolite.**

Ci-dessus : **le port d'un arbre ne révèle pas la disposition de ses racines. Celles-ci se développent horizontalement et ne descendent pas à plus d'un mètre, sauf circonstances spéciales.**

avec des espèces de champignons. Cette association champignon-racine est appelée mycorhize. Les hyphes des champignons poussent au-dessus, entre ou à travers les cellules des racines les plus fines, et s'étendent dans le sol. Le champignon absorbe des aliments et de l'eau dans le sol et les transmet à l'arbre. Il obtient en retour certains sucres et certains produits de photosynthèse. Il n'y a jamais de poils radicellaires sur les racines mycorhiziques.

Les systèmes radiculaires ne s'étendent que dans la direction favorable à la croissance des racines.

L'arbre est ancré par les racines grâce à la grande masse de terre avec laquelle elles sont en contact. D'une manière empirique, les racines s'étendront dans un cercle dont le rayon est d'une à une fois et demie la hauteur de l'arbre, et généralement de 60 centimètres à un mètre de profondeur. Un chêne de 18 mètres de haut peut être en contact avec plus de 500 tonnes de terre alors qu'il pèse lui-même moins de 10 tonnes.

En haut : **un pin sylvestre dont le système radiculaire, partiellement exposé, pousse comme une assiette sur la surface du soubassement rocheux, cherchant de l'eau et des minéraux tout en ancrant l'arbre.**

Ci-contre : **l'agaric tue-mouches, un champignon fréquent dans les bois de bouleaux et de conifères.**

Les arbres et le climat

Un arbre est enraciné en un endroit pour toute son existence. C'est pourquoi le climat a une influence profonde et durable sur toutes les espèces.

Le soleil, en dehors d'une petite quantité d'énergie géothermique, constitue la seule source d'énergie de notre monde naturel. Celle-ci est surtout utilisée en chaleur. A chaque augmentation de 10 degrés de température, le taux des réactions chimiques double. Or la photosynthèse et la respiration sont essentiellement des processus chimiques. Trop de chaleur, ou trop peu, peut provoquer la mort.

Les plantes ont besoin d'eau pour survivre et pour croître. La quantité de pluie et l'époque où elle tombe sont les éléments principaux qui déterminent le type et l'étendue de la végétation. On trouve rarement des arbres là où les précipitations annuelles sont de moins de 200 mm sauf toutefois le long des berges des rivières, autour des oasis, ou là où le brouillard fournit directement de l'eau aux feuilles.

L'époque des précipitations peut avoir une influence capitale sur les types d'arbres, particulièrement lorsque les pluies sont peu abondantes. Dans les régions tempérées du globe le total des précipitations peut être adéquat, mais les pénuries saisonnières retardent la croissance.

La forme des précipitations est également importante. Une pluie très lourde, comme celle des orages, provoque des écoulements étendus et de l'érosion. Cependant, une pluie légère peut ne pas faire plus de bien. S'il ne tombe pas au moins 2,5 millimètres d'eau en une fois, elle n'atteindra pas le sol de la forêt.

Le vent a deux effets principaux, en dehors de la dispersion du pollen et des semences. D'abord, il crée mécaniquement la forme des arbres en leur donnant une inclinaison très poussée dans le sens où il souffle. Son autre effet est d'amener l'air sur toute la surface de la plante. A des vitesses très basses, c'est bénéfique, car cela remplace le gaz carbonique utilisé par la photosynthèse. Mais à des vitesses plus élevées, il provoque la dessiccation des tissus tendres de la plante. L'arbre doit alors travailler à remplacer l'eau perdue, et sa croissance s'en trouve ralentie.

La gelée est un élément limitatif du climat. Elle peut provoquer des dommages lorsqu'elle se produit inopinément au printemps ou au début de l'automne, ou par sa simple intensité en hiver.

Avant l'arrivée de l'hiver, les arbres des régions tempérées réduisent leur activité, et leur contenu cellulaire se concentre davantage, de sorte que le point de congélation se trouve substantiellement abaissé, mais un froid intense peut néanmoins causer des dégâts. Le dommage peut résulter aussi de ce qui constitue effectivement un dessèchement par le gel des tissus de la plante dans un froid

En haut : **le vent, important facteur d'environnement, détermine la forme des arbres. Ceux qui poussent dans des lieux soumis à un vent dominant ont des branches plus longues et plus saines sous le vent, de sorte que la couronne semble souffler avec lui. C'est dû surtout au fait que les jeunes bourgeons exposés au vent courent le risque d'être détruits.**

Les précipitations sur la Terre : il tombe par jour, sur la surface des terres, environ 285 km³ d'eau. Là où les pluies sont insuffisantes, les arbres ne poussent pas.

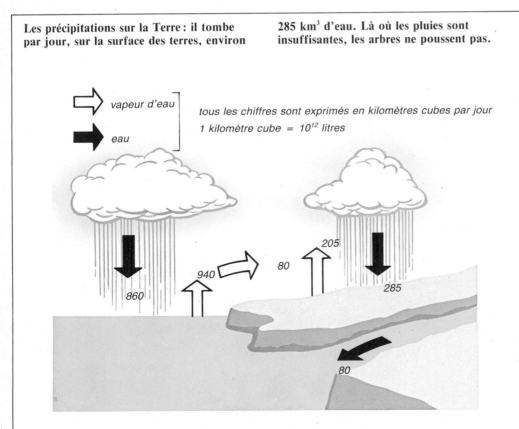

vapeur d'eau

eau

tous les chiffres sont exprimés en kilomètres cubes par jour
1 kilomètre cube = 10^{12} litres

205

940

80

860

285

80

sec, particulièrement si le vent souffle. Dans ces conditions, l'arbre est incapable de remplacer l'eau perdue par les rameaux.

La vigueur de la plante est commandée par le type, la durée et l'extension du froid. Ce n'est pas seulement une conséquence de la latitude, mais c'est aussi l'influence d'autres facteurs : savoir si le climat est déterminé par des vents qui viennent de la mer, donc un climat maritime comme en France, ou par des vents qui viennent de l'intérieur des terres, donc un climat continental comme en Sibérie. La plupart des plantes de Sibérie ne peuvent pas se développer chez nous, non parce qu'il fait trop froid pour elles, mais parce qu'elles sont tentées de croître prématurement au printemps et sont alors endommagées par les gelées tardives.

Des vents violents peuvent causer des dégâts, même à des arbres sains bien enracinés.

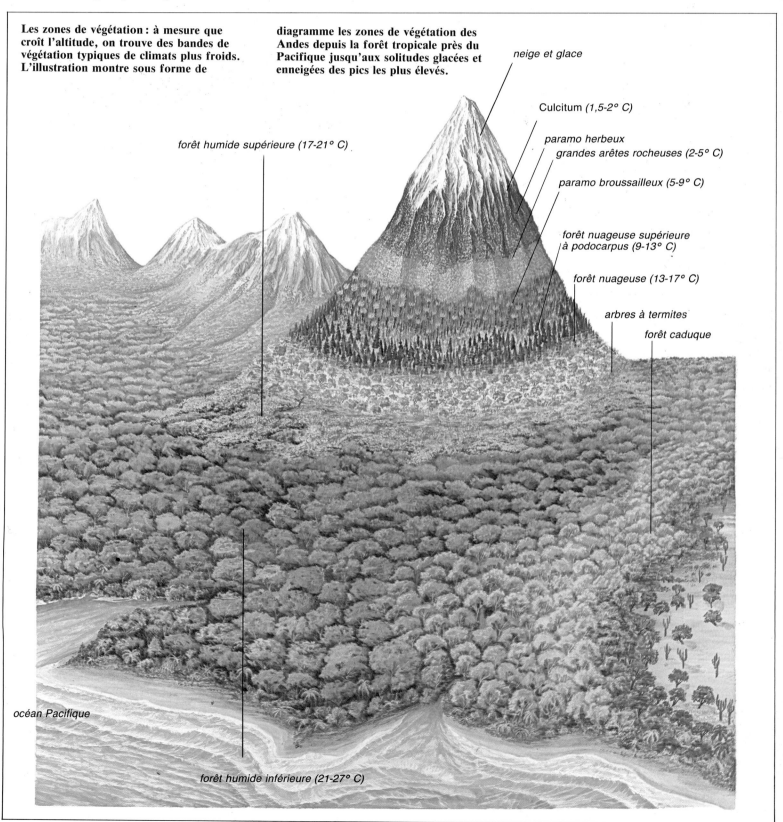

Les zones de végétation : à mesure que croît l'altitude, on trouve des bandes de végétation typiques de climats plus froids. L'illustration montre sous forme de diagramme les zones de végétation des Andes depuis la forêt tropicale près du Pacifique jusqu'aux solitudes glacées et enneigées des pics les plus élevés.

neige et glace

Culcitum (1,5-2° C)

paramo herbeux
grandes arêtes rocheuses (2-5° C)

paramo broussailleux (5-9° C)

forêt nuageuse supérieure
à podocarpus (9-13° C)

forêt nuageuse (13-17° C)

arbres à termites

forêt caduque

forêt humide supérieure (17-21° C)

océan Pacifique

forêt humide inférieure (21-27° C)

La nutrition de l'arbre

Les arbres utilisent de simples produits chimiques pour construire des composés organiques complexes à l'aide d'une série de réactions chimiques commençant par la photosynthèse.

Les tissus tendres de la plante sont surtout constitués par de l'eau, et même un bois frais apparemment sec en contient 50 %. L'eau est principalement puisée dans le sol par les racines, bien qu'une partie en soit directement captée par les feuilles.

Le carbone, l'oxygène et l'hydrogène sont les éléments principaux des arbres. Le carbone et l'oxygène viennent du gaz carbonique (CO^2) atmosphérique qui est présent à 0,3 % dans l'atmosphère de la Terre. Il est directement absorbé par les feuilles. L'hydrogène vient de l'eau.

Les sucres sont fabriqués par le processus de la photosynthèse qui peut s'exprimer simplement par l'équation suivante :

$$6\ CO^2 + 6\ H^2O \xrightarrow[\text{enzymes}]{\text{énergie solaire}} C^6H^{12}O^6 + 6\ O^2$$

6 mol. de gaz carbonique   6 mol. d'eau   sucre   6 mol. d'oxyg.

Le sucre constitue le bloc de construction biologique fondamental. Il se combine avec d'autres sucres pour former de l'amidon et de la cellulose, avec l'azote pour former des acides aminés et avec d'autres éléments pour former tout l'ensemble des produits qui constituent un arbre.

Les principaux éléments de la nutrition des plantes sont l'azote, le phosphore, le potassium, le soufre, le calcium et le magnésium. Mais un certain nombre d'éléments sont également vitaux, même s'ils n'existent qu'en petites quantités.

L'azote constitue 78 % de l'atmosphère de la Terre, mais les plantes ne peuvent pas assimiler l'azote gazeux. Il doit se trouver sous forme d'ammoniaque, de nitrate ou de nitrite. L'azote est surtout extrait du sol par les racines de l'arbre. Certaines plantes établissent des relations symbiotiques avec des bactéries dans les nodosités des racines. Ces bactéries sont capables de fixer l'azote atmosphérique et de fournir à la plante des composés azotés en échange de sucres et d'autres aliments. Une partie retourne au sol par la chute des feuilles. L'azote est essentiel dans la formation des protéines.

Le potassium et le phosphore sont des éléments minéraux provenant des particules du sol. Le potassium est très soluble et facilement éliminé par filtration tandis que le phosphore est insoluble et peut être abondant, mais pas sous une forme utilisable par

Le processus de la photosynthèse : les chloroplastes des plantes vertes contiennent de la chlorophylle qui utilise l'énergie de la lumière pour fabriquer des sucres à partir de matériaux simples comme l'eau et le gaz carbonique.

Les éléments principaux de toute matière organique sont le carbone, l'hydrogène, l'oxygène et l'azote. Cette illustration montre comment le soleil fournit l'énergie qui commande les cycles de ces éléments.

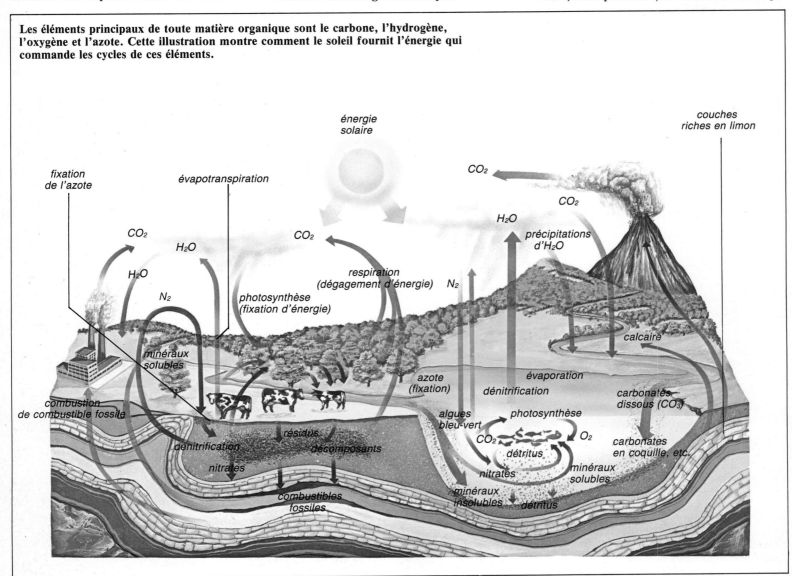

l'arbre. Ils sont nécessaires à la division cellulaire, aux points de croissance actifs et dans le mûrissement des fruits.

Le calcium peut se tirer du carbonate de calcium et il est utilisé par toutes les plantes pour les cloisons des cellules. Le soufre fait partie des protéines de la plante, et il semble qu'il favorise la croissance des racines. Le magnésium est essentiel comme constituant de la molécule de chlorophylle.

Les éléments mineurs, ou traces, ne sont nécessaires qu'en très petites quantités : jusqu'à 0,01 part. sur un million pour le molybdène. Ces traces comprennent le fer (fabrication de la chlorophylle), le bore (prise de calcium par les racines), le zinc (un constituant de certains enzymes), le manganèse (synthèse des enzymes et des protéines), le cuivre (enzymes) et le molybdène (utilisation de l'azote sous forme de nitrate ou de nitrite).

Certaines plantes ne se développent pas dans tous les terrains. Les rhododendrons, par exemple, poussent plutôt sur un sol acide. Le hêtre, en revanche, peut croître aussi bien dans des sols très acides que dans des sols très alcalins.

Ci-dessus : **symptômes de déficiences nutritives dans les feuilles d'un peuplier. Ce qui leur manque : 1. rien ; 2. l'azote ; 3. le magnésium ; 4. le phosphore ; 5. le magnésium et l'azote.**

En haut, à droite : **une masse de nodules, comme une galle, sur les racines d'un aulne. Cette formation contient des millions de bactéries qui aident l'arbre à fixer l'azote atmosphérique. Elles reçoivent en retour des sucres et d'autres aliments.**

Ci-contre : **déficience d'azote sur un épicéa de Sitka. Notez la coloration jaune, maladive, du feuillage.**

Les forêts tempérées

Deux types de forêts tempérées se situent à l'intérieur des larges bandes qui se trouvent approximativement entre 35° et 60° de part et d'autre de l'équateur.

La forêt tempérée pluvieuse reçoit au moins 1 300 mm de pluie par an, avec un maximum de 9 000 mm, les précipitations étant réparties de façon égale sur toute l'année. Les températures sont assez chaudes en hiver et relativement fraîches en été. La forêt pluvieuse est presque entièrement persistante. La région où elle est le mieux développée est la côte Ouest d'Amérique du Nord, où elle se compose de conifères avec quelques feuillus.

La forêt tempérée caduque reçoit moins de pluie — généralement de 500 mm à 2 000 mm — et elle se situe dans les régions où la température d'été est plus haute et la température d'hiver plus basse. Les arbres sont surtout des feuillus, comme le chêne, le hêtre, le marronnier, l'érable et le noyer blanc. Leurs larges feuilles leur permettent de capter un maximum de lumière en été. Cependant, en hiver, les températures descendent souvent en dessous de zéro : l'arbre

Pluie, température et végétation : vous pouvez déduire du graphique le type de végétation stable qui existait à l'origine dans une zone donnée.

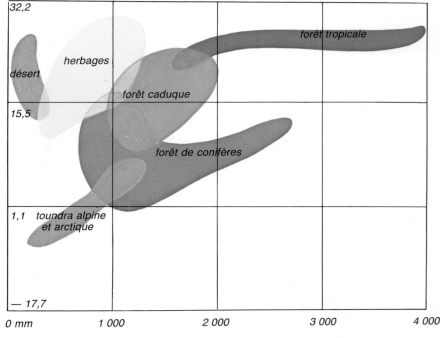

température moyenne annuelle °C

précipitations moyennes annuelles

Les types de végétation existant dans le monde avec leur quantité relative sur pied et leur production annuelle de matière sèche. La carte est une version simplifiée de celle publiée en 1969 par Bazilevitch et Olson, deux écologistes qui ont mis en commun leurs connaissances et les résultats de recherches internationales sur les rapports entre le climat, la végétation et la productivité.

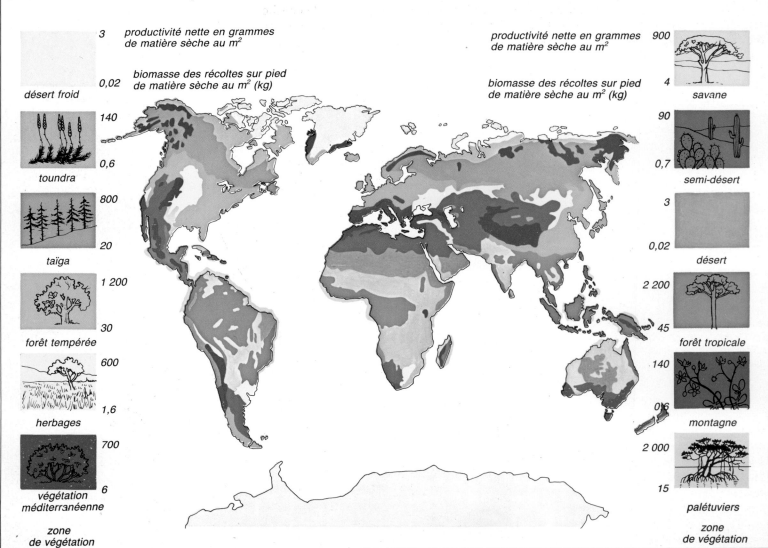

serait incapable de remplacer l'eau perdue par les feuilles et les sommets périraient de déshydratation. C'est pourquoi les arbres perdent leurs feuilles en automne. Avant de les perdre, ils rétractent en eux une bonne partie des sucres et des éléments nutritifs. Mais une proportion importante en subsiste, ce qui explique les couleurs qui rendent ces forêts si superbes en automne. Les feuilles mortes servent de nourriture aux insectes, aux cloportes, aux champignons, aux vers, etc., et les éléments nutritifs retournent de cette manière à la terre.

Ce type de forêt couvrait jadis la plus grande partie de l'Europe, de la Chine et de l'est de l'Amérique du Nord, mais il n'en reste plus que des vestiges éparpillés. Elle se développe naturellement sur des sols riches (terres brunes) favorables à la culture. Pour cette raison, une grande partie en a été sacrifiée à l'agriculture, et ce qui n'a pas été retourné par la charrue a été consacré à la production systématique du bois.

La forêt caduque tempérée comprend jusqu'à cinq couches. La couche supérieure est celle des arbres dominants qui forment une voûte à 25 ou 50 mètres du sol. La deuxième couche est celle des petits arbres, qui atteignent peut-être 10 mètres. La troisième est celle des buissons, avec des plantes ligneuses de 3 à 5 mètres. Près du sol, on trouve le champ, ou couche herbacée, fait d'herbes, de plantes vivaces, de bulbes et de fougères. A la surface, ou sur les branches mortes, il y a la couche de mousses et de lichens.

Les arbres de la voûte captent la plus grande partie de la lumière disponible en hiver, n'en laissant pénétrer qu'une petite partie jusqu'aux couches inférieures. Les arbres caducs conservent assez bien leurs feuilles en automne, de sorte que peu de lumière pénètre jusqu'au sol avant l'hiver, lorsqu'il fait trop froid pour que la couche du champ grandisse. Mais, au printemps, les arbres, particulièrement les chênes et les frênes, sont lents à se revêtir, et de nombreuses plantes à bulbes comme les jacinthes fleurissent pendant une courte période.

Bois de chênes de la ceinture tempérée, au cœur de l'été.

Ci-dessous : **tous les types de forêts rendent au sol une litière. Ces feuilles de hêtre vont se décomposer et fourniront un riche fumier.**

Les forêts tempérées comptent jusqu'à cinq couches de végétation.

Les forêts de conifères

Les conifères surpassent en général les feuillus sur les sols de peu de valeur nutritive, qui connaissent des périodes de sécheresse durant la saison de croissance, et dans des régions où les saisons de croissance sont courtes avec des hivers rigoureux.

Les feuilles de la plupart des conifères sont petites, en forme d'aiguille, avec une épaisse cuticule. Ces particularités permettent aux conifères de conserver l'eau, tant pendant la sécheresse de l'été que durant le froid de l'hiver. La plupart des conifères sont sempervirens et conservent leurs aiguilles de trois à cinq ans. Cela permet aux arbres d'exploiter la courte saison de croissance, car il ne faut pas fabriquer une nouvelle série de feuilles au printemps avant que ne commence la photosynthèse. Les éléments nutritifs sont également recyclés à l'intérieur de l'arbre.

Les conifères déterminent au début d'un été combien d'aiguilles ils devront produire l'année suivante ! Ils ne réagissent que lentement aux améliorations de nutrition : lorsqu'on fertilise une forêt de conifères, on ne constatera aucune augmentation de croissance pendant peut-être dix mois, alors que les effets peuvent subsister cinq ans. En comparaison, les feuillus réagissent plus vite.

La plus grande forêt de conifères est la forêt boréale. Elle s'étend sur d'énormes distances en balayant tout l'hémisphère nord, du Canada à l'Asie du Nord en passant par l'Europe septentrionale. La forêt boréale n'est dominée que par deux ou trois espèces de conifères, et le seul feuillu qu'on y trouve en quantité est le bouleau. Les arbres ne sont pas grands : s'ils atteignent 20 ou 40 mètres à la lisière sud, là où la forêt boréale se mêle à la forêt caduque, elle n'est plus constituée que de buissons épars là où elle cède le pas à la toundra arctique.

De grands arbustes sont rares dans la forêt boréale. On y trouve plutôt un tapis de buissons qui ne dépassent pas un mètre, comme les myrtilles, et sous lequel existe une couche de plantes herbacées, de mousses et de lichens.

La forêt boréale connaît des hivers très froids. Les étés sont courts et frais. Il y a peu de précipitations — à partir de 250 mm — ce qui est suffisant pour la croissance des arbres grâce au degré d'évaporation peu élevé.

Dans les chaînes de montagne situées au sud de la forêt boréale, les conifères dominent les dernières zones de forêt avant la lisière des arbres. Cette forêt est semblable à la forêt boréale. La température tombe de un degré par 170 mètres d'altitude, ce qui provoque une diminution de la saison de croissance à mesure que l'on monte.

Les conifères peuvent dominer aussi dans les terrains pauvres et sablonneux comme ceux que l'on trouve au sud-est des Etats-Unis. Ici, le niveau des précipitations est de 1 000 à 1 250 mm, mais comme le sol ne retient pas la pluie et que l'évaporation est élevée, les conifères, capables de résister à la sécheresse, sont les arbres principaux.

Des conditions similaires font que les conifères sont fréquents ou dominants dans le climat méditerranéen, au sud-ouest des Etats-Unis et dans d'autres parties du monde.

La forêt tempérée pluvieuse est souvent dominée par les conifères. Ce type de forêt se trouve notamment sur la côte occidentale de Nouvelle-Zélande, dans le sud du Chili et dans le sud-est de l'Australie. Sur la côte pacifique de l'Amérique du Nord, le séquoia côtier atteint souvent plus de 100 mètres de hauteur.

Myrtilles *(Vaccinium myrtillus)* au début de l'été. Elles forment souvent le tapis des bois naturels de pins sylvestres.

Bois de pins naturel en Ecosse. On voit souvent en Ecosse de telles forêts de grands arbres avec un tapis de petits buissons. Les pins eux-mêmes sont de formes et de tailles très diverses.

Ci-dessus: **bois alpin de mélèzes s'étendant jusqu'à la limite des arbres.**

Ci-contre: **cône mûr d'un sapin Faber de l'ouest de la Chine.**

La forêt tropicale humide

La forêt tropicale représente une partie importante des ressources forestières du monde. Cependant, en raison d'un abattage incessant et destructeur, ce type de forêt pourrait cesser d'exister vers l'an 2000.

La forêt tropicale se trouve dans les régions basses des tropiques, là où l'on enregistre d'importantes et régulières chutes de pluie d'au moins 1 500 mm. La température moyenne mensuelle dépasse 25 degrés avec très peu de variations au cours de l'année, et l'humidité relative est élevée. Le climat de la forêt tropicale ressemble à un bain turc : chaud, sombre, humide et moite.

Les forêts tropicales sont un système écologique complexe mais fragile. Elles sont très productives à cause de la richesse des plantes, mais, si on les éclaircit, l'importance des précipitations et la pauvreté de la nature en font bientôt un site désolé.

La forêt tropicale contient un très grand nombre d'espèces, avec peut-être un ou deux spécimens de chacune par hectare. On la trouve dans trois régions du monde. En Asie, elle commence en Inde et se poursuit de la Malaisie à la Nouvelle-Guinée et au nord de l'Australie. En Afrique, elle va du bassin du Congo, le long d'une ceinture qui s'étend vers l'ouest, jusqu'au Libéria. En Amérique, elles s'étend du bassin de l'Amazone au nord de l'Amérique centrale et à certaines parties des Antilles. Dans ces régions, les périodes sèches sont d'une durée limitée.

On peut distinguer cinq couches de végétation dans les forêts tropicales sempervirentes. Au plus haut niveau, il y a un certain nombre d'arbres émergents qui s'élèvent très au-dessus de la voûte générale et qui peuvent atteindre 60 mètres. La voûte est constituée par une strate plus ou moins continue d'arbres d'environ 30 mètres de haut. Une troisième strate de petits arbres, de 10 à 15 mètres, se situe sous celle-ci. Cette strate est éparse et irrégulière, comme la strate d'arbustes qui peut comprendre des fougères arborescentes.

En outre, deux groupes de plantes essaient d'obtenir une part de la lumière : les épiphytes et les lianes.

Les épiphytes poussent sur les branches et sur les troncs des arbres. Elles ne s'enraci-

Ci-dessous : **la voûte d'une forêt tropicale persistante reste à un niveau constant, même si le sol est vallonné, car les arbres de la vallée poussent plus haut. Mais** **l'uniformité de la voûte est brisée par un certain nombre d'arbres émergents (que l'on n'aperçoit pas ici).**

En haut à droite : **forêt tropicale de Malaisie. On y trouve tellement d'espèces différentes que chacune peut n'être représentée que par un ou deux specimens à l'hectare.**

nent pas dans le sol. La pluie et les éléments nutritifs qu'elles peuvent capter suffisent à leurs besoins. Les orchidées, ainsi que certaines fougères, constituent un important groupe d'épiphytes.

Les lianes sont des plantes grimpantes ligneuses qui sont enracinées dans le sol et poussent lentement vers la voûte supérieure, où elles peuvent s'étendre en largeur sur des dizaines de mètres.

Dans la forêt, tous les arbres tendent à avoir un long fût rond avec une écorce lisse. A la base, le tronc est soutenu par d'étroits arcs-boutants en forme de planches. Les feuilles ont une pointe en égouttoir pour permettre à l'eau de s'écouler.

La forêt tropicale semi-persistante se retrouve dans certaines parties de l'Afrique et de l'Asie où règnent des conditions semblables à celles des forêts sempervirentes, mais avec une période sèche de quatre à six mois (ce genre de forêt se trouve surtout là où la mousson amène la pluie). Pendant la période sèche, la plupart des arbres perdent leurs feuilles.

Ci-dessous: **épiphylles sur la feuille d'un palmier nain. Ces feuilles sont souvent très grandes. Les plus dures subsistent longtemps, ce qui en fait un support idéal** pour de mini-épiphytes. Cette vieille feuille est aussi couverte de lichens, de mousses et d'hépatiques.

Ci-dessus: **beaucoup d'arbres de la forêt tropicale ont de gros troncs à contreforts enguirlandés de plantes grimpantes.**

Les savanes

Les savanes occupent une grande partie du monde entre 5° et 14° de latitude nord et sud. On les trouve en Afrique des deux côtés de l'équateur, et ces ceintures sont reliées par les hauts plateaux de l'Est africain. En Amérique du Sud, on les trouve dans certaines régions du Venezuela et du Brésil, au sud de l'Amazone. D'importants territoires de l'Australie sont couverts de savane, de même que certaines parties de l'Inde.

Techniquement, les savanes sont des plaines herbeuses tropicales, et elles ne contiennent pas toujours d'arbres. Mais la plupart en possèdent, et ceux-ci peuvent être considérés comme un élément essentiel de ce type de végétation. La densité de la couverture d'arbres dépend de l'importance des précipitations. Si celles-ci n'atteignent pas 600 mm,

Ci-dessous, à gauche : **un gummier (Eucalyptus papuana) en Australie centrale. On trouve cette espèce dans les savanes en Australie et en Papouasie.**

ce sont des arbustes et non des arbres qui formeront la strate boisée supérieure de la végétation. Si le niveau des pluies dépasse 1 000 mm il en résultera une savane boisée.

Les savanes connaissent effectivement deux saisons, dont chacune est chaude, avec une saison très sèche qui peut couvrir jusqu'à huit mois de l'année.

Les savanes se trouvant sous les tropiques, leur potentiel d'évaporation est très élevé et dépasse de loin l'approvisionnement en eau. C'est pourquoi les arbres doivent pouvoir réduire leurs besoins en eau pendant une grande partie de l'année s'ils veulent survivre.

La plupart des arbres sont caducifoliés. Ils remplacent leurs feuilles pendant la période sèche, de manière que les nouvelles feuilles soient prêtes à travailler dès que les pluies viendront. Le nouveau feuillage des arbres caducs est souvent brillamment coloré pendant plusieurs semaines avant d'être com-

plètement développé et de devenir vert.

Certains des arbres sont à feuillage persistant : ils ont de petites feuilles avec une cuticule épaisse pour éviter les pertes d'eau.

Le baobab apporte une solution singulière au problème. Son immense tronc et ses branches maîtresses sont composés au centre d'un tendre tissu spongieux qui est capable d'emmagasiner de grandes quantités d'eau récoltées pendant la saison des pluies. Et ce n'est que pendant quelques semaines, à cette époque, que l'arbre a des feuilles.

De nombreux arbres de la savane appartiennent à la famille des légumineuses. Les espèces d'acacias sont très fréquentes. Les arbres ne sont pas grands et dépassent rarement 20 mètres de hauteur. La couronne est en forme d'Y ou de vase sur un tronc court. Ce n'est qu'occasionnellement que les arbres sont suffisamment proches pour être classés comme forêt.

Comme l'évaporation excède potentielle-

ment l'approvisionnement en eau, les arbres peuvent puiser l'eau à grande profondeur. Dans ces conditions, le terrain peut devenir très alcalin du fait que les sels du fond sont ramenés à la surface par l'évaporation.

La savane se caractérise par l'herbe. Durant la saison sèche, l'herbe se flétrit et peut s'enflammer très facilement. Le feu, provoqué par des causes naturelles, comme la foudre, est une menace constante qui s'accroît lorsque l'homme est présent. Les arbres adultes, dans la plupart des zones de savane, résistent à l'incendie. La plupart le doivent à l'épaisseur de leur écorce qui isole les parties vivantes de l'arbre. En Australie, l'eucalyptus a la propriété de renaître rapidement sur sa souche.

Ci-dessous: les acacias évasés couvrent des savanes en Australie et en Afrique. Ces gommiers poussent dans la brousse kényane.

*Ci-dessus: **Acacia robusta** en fleurs, dans une zone à faibles pluies où les arbres atteignent à peine la taille d'un grand arbuste.

Les plantations forestières

L'homme s'est intéressé à l'exploitation de la forêt depuis de nombreux siècles. Cela remonte à l'homme néolithique qui récoltait des branches pour nourrir son bétail ou ses chèvres pendant les périodes sèches de l'été. Au fil du temps, il a détruit une grande partie de la couverture forestière naturelle. Le développement des techniques d'exploitation de la forêt a permis de compter sur les plantations pour satisfaire une bonne partie de nos besoins en bois.

Lorsque l'homme commence à récolter le bois d'une forêt à l'état vierge, il peut en couper plus que le taux de croissance annuelle des arbres, parce que personne n'en a coupé auparavant. Cependant, si, après avoir abattu tous les arbres de la forêt, il désire exploiter la zone pour en tirer un approvisionnement maximal, il ne pourra jamais couper, sur un laps de temps donné, que la quantité qui a poussé pendant cette période. A court terme, abattre une forêt vierge rapporte plus de bois que la coupe réglée, parce qu'on s'empare en une fois du bois accumulé et de la production annuelle.

Dès lors, le problème des exploitants de la forêt est de reconstituer les réserves.

Un des moyens possibles est la régénéra-

Ci-contre, en haut : **jeunes hévéas dans une plantation de Malaisie.**

Au-dessous : **une pépinière de jeunes cocotiers.**

Une dense plantation de pins sylvestres pour la production de bois. Comparez avec la forêt naturelle de la page 22.

tion naturelle, pour autant qu'il y ait, dans la zone, des arbres parents qui conviennent. Dans de nombreuses circonstances, la régénération naturelle peut donner d'excellents résultats. Après tout, c'est ainsi qu'est née la forêt originelle. Cependant, les conditions qui suivent l'abattage d'une récolte existante sont rarement les mêmes que celles dans lesquelles la récolte avait poussé, et la régénération naturelle peut ne pas donner le résultat escompté, du moins pendant deux ou trois siècles ! On n'a donc pas d'autre choix que de planter plutôt que de laisser faire la nature.

Lorsqu'on établit une plantation, l'objectif est de planter un certain nombre d'arbres dans des conditions où ils peuvent croître, et puis de les soigner dans ce but. Pour des raisons économiques et pratiques, les arbres plantés en culture forestière ont environ 30 centimètres de haut. Plus grands, ils seraient lents à croître, tout en étant coûteux et encombrants. Les arbres nouvellement plantés auront sans doute besoin d'un sarclage. A moins que le terrain ne soit très bon, on aura dû le labourer, mais seulement en lignes, car un labourage complet serait sans doute économiquement absurde. Toutes ces raisons font que les arbres sont plantés en lignes.

Normalement, à moins que la récolte ne soit particulièrement précieuse, on plante beaucoup plus d'arbres qu'il n'en survivra jusqu'à l'abattage final, et cela pour plusieurs raisons. Certains arbres ne prendront pas, d'autres seront endommagés, d'autres encore seront éliminés pour éclaircir la plantation. De plus, lorque les jeunes arbres unissent leurs couronnes, ils donnent de l'ombre à la végétation du sol. Ils n'ont plus besoin de sarclage et leur croissance se développe par l'élimination de la concurrence. On a intérêt à créer cette situation dès que possible.

Après un certain nombre d'années, les arbres sont abattus et remplacés. C'est ce qu'on appelle la rotation.

Ci-contre : **des taillis et des arbres de plein vent sont un vieux mode d'exploitation forestière. On abat les arbres pour le bois, et les taillis sont coupés tous les 5 à 20 ans pour faire des poteaux, notamment. Ici, les bâtons entassés contre l'arbre doivent servir de perches.**

Le commerce des arbres

A première vue, on pourrait croire que le bois est le but de l'exploitation économique des arbres, mais il n'est qu'un élément parmi la bonne douzaine qui présentent un intérêt commercial.

Le bois lui-même peut être utilisé de diverses manières. La moitié de la production sert de bois de chauffage. Pour une grande partie du tiers monde, il fournit le combustible qui permet de cuire les aliments, et, en certains endroits, il est plus coûteux que les aliments eux-mêmes.

Le bois est un matériau universel, au toucher et à l'aspect agréables. Cependant, en ce qui concerne son usage, il est relativement peu économique. Lorsqu'on scie un tronc en planches, elles ne représentent que la moitié du volume du rondin. Le reste est parti en rognures pour rendre le rondin carré, en sciure, en copeaux et en pertes dues aux défauts naturels.

Cependant, le bois peut être travaillé pour fournir des planches qui ont tous les avantages du bois plein, mais avec moins d'inconvénients : par exemple, le triplex ou les agglomérés.

Les placages sont fabriqués comme le triplex, mais avec une seule couche de placage décoratif sur le triplex ou sur l'aggloméré. On a ainsi l'aspect de la qualité pour un bas prix.

La laine de bois est faite de minces serpentins obtenus par rabotage du rondin. Elle est utilisée en isolation et en emballage.

La plus grande partie du bois que nous utilisons devient papier. Celui-ci est fait de fibres de cellulose, qui sont une importante composante du bois. Le coton est de la cellulose presque pure, et il fait les meilleurs papiers. Le bois, lui, n'est pas de la cellulose pure. La qualité du papier dépend des efforts que l'on fait pour transformer la pulpe de bois en cellulose plus pure. Il existe deux méthodes principales pour faire du papier avec du bois.

Dans le procédé chimique, on élimine chimiquement les éléments non cellulosiques. On obtient ainsi un bon papier, mais d'un prix élevé. On améliore la qualité du papier en y ajoutant divers agents, comme le kaolin, pour le rendre plus brillant, plus épais, ou pour qu'il prenne mieux l'encre. Les papiers bon marché, comme le papier journal, sont faits par mouture d'arbres en brins de cellulose. Comme les éléments non cellulosiques ne sont pas retirés, le papier est de qualité médiocre.

Les arbres fournissent des nourritures par leurs fruits, mais aussi par d'autres moyens. Les feuilles de nombreux arbres sont comestibles, même si quelques-unes seulement sont agréables au palais. On s'en est servi comme aliment pour le bétail ou pour les chèvres depuis l'âge néolithique. Ils produisent aussi indirectement le miel, généralement par les fleurs, mais aussi par le miellat

sécrété par de nombreux pucerons suceurs de sève.

L'écorce fournit toute une série de produits. On l'utilise de plus en plus en horticulture comme substitut plus durable de la tourbe. Mais ses produits traditionnels sont le tanin, pour l'industrie du cuir, la filasse pour la fabrication des cordes, et le liège pour les bouchons et les produits d'isolation.

En haut : **récolte du caoutchouc en Malaisie. Le latex, dont on tire le caoutchouc, est la sève de l'hévéa.**

Ci-dessous : **les pins sont saignés pour leur résine, appelée « gemme ». On l'utilise aujourd'hui dans l'industrie chimique et dans la papeterie.**

Les arbres fournissent de la résine et du latex, que l'on fait couler de l'arbre par une entaille dans l'écorce. La résine donne de la térébenthine et des produits similaires alors que le latex est la matière première du caoutchouc.

On peut planter des arbres comme écran contre le vent. C'est utile lorsque le cycle saisonnier comporte une longue période sèche et que les vents déplacent une grande quantité de poussières. Ils tiennent aussi le sol pour éviter l'érosion, et c'est très important autour des digues car l'érosion incontrôlée de la zone de captage peut provoquer rapidement l'ensablement des lacs.

On peut planter des arbres ou les laisser en place pour qu'ils fournissent de l'ombre, comme ici dans une plantation de thé en Inde.

Plantes et animaux en relation avec les arbres

La mésange huppée cherche des insectes dans les pins sylvestres. Son nid préféré se situe dans les souches de pins morts, où des trous et des crevasses lui permettent de nicher, et où elle trouve des larves d'insectes xylophages pour nourrir ses petits.

Les animaux obtiennent des arbres deux services principaux : la nourriture et le gîte. Parfois, le bénéfice est mutuel sinon égal ; parfois, l'animal prend tout.

Le meilleur exemple d'un bénéfice mutuel est fourni par les insectes, comme l'abeille qui obtient des fleurs des protéines sous forme de pollen, ou un nectar riche en sucres. Pour sa part, l'abeille transporte le pollen de fleur en fleur, procédant ainsi à la fécondation.

Les arbres utilisent les animaux de diverses façons pour transporter leurs semences. L'arbre fournit de la nourriture, espérant en retour que certaines des semences seront dis-

Les arbres constituent une partie essentielle du système écologique. Ils assurent une demeure et un abri à beaucoup de plantes et d'animaux.

Les plantes épiphytes (plantes qui vivent dans la couronne des arbres) sont très courantes en climat tropical humide et rares dans les régions de froid sec. Elles trouvent dans l'air, dans l'eau de pluie et dans les crevasses des arbres tout ce dont elles ont besoin. Un grand nombre d'épiphytes des régions tropicales sont des orchidées. D'autres, les broméliacées (apparentées aux ananas), récoltent l'eau dans les angles de la base des feuilles. Les fougères sont des plantes épiphytes dans toutes les régions où le climat est suffisamment humide. Dans les zones plus sèches, on trouve fréquemment des mousses et des lichens. Il existe aussi un grand nombre de plantes parasites dont la plus connue est le gui *(Viscum album)*. Le gui européen n'est que partiellement parasite : il obtient de l'arbre hôte son eau et ses éléments nutritifs, mais il fabrique des sucres par photosynthèse comme les autres plantes. Certaines espèces américaines obtiennent tout de l'arbre hôte. Les arbres fournissent également un habitat aux champignons mycorhizes.

Ci-dessus : **le chêne pédonculé est la demeure reconnue de près de 300 espèces d'insectes, dont celui qui provoque cette galle des feuilles.**

Ci-contre : **l'écorce de ce chêne à basse ramure est couverte de lichens qui attestent de l'humidité et de la relative pureté de l'air.**

tribuées. Les fruits charnus, comme les pommes, ont une chair comestible autour des pépins, alors que les fruits secs, comme les glands, sont confiés aux oiseaux ou aux animaux qui les stockent et, par la suite, perdent les traces de leurs réserves. Certaines semences, comme celles de l'aubépine ou de l'if, sont avalées par un oiseau ou par un animal. Elles passent dans les intestins et sont ainsi plantées, prêtes à pousser, avec leur provision individuelle d'engrais.

Beaucoup d'animaux n'apportent que peu ou pas de profit à l'arbre, l'utilisant seulement comme source de nourriture, broutant le feuillage et les rameaux comme les vaches paissent une prairie. La plupart d'entre eux sont des insectes, mais il y en a d'autres qui vont des campagnols — qui rongent l'écorce quand l'hiver est rude — aux girafes, qui mangent le feuillage qu'elles peuvent atteindre.

Enfin, les arbres offrent un abri à de nombreux animaux.

A gauche, en haut et au-dessous: **champignons sur des troncs. L'image du dessus: un champignon langue-de-bœuf. Celle du dessous: le polypore du bouleau.**

Ci-dessus: **les écureuils roux abondent en Europe et en Asie, mais, en Amérique, ils ont été remplacés par les écureuils gris.**

Ci-dessous: **les bromélias et d'autres épiphytes luttent pour conquérir une place au soleil, en haut de la voûte de la forêt tropicale.**

Répartition des arbres dans le monde

Les espèces d'arbres traitées dans ce livre représentent divers modèles de répartition distincts. Au niveau du globe, certaines familles comme les bouleaux (bétulacées), les ormes (ulmacées) et les houx (aquifoliacées) couvrent les continents des deux côtés de l'Équateur. Les fagacées, par exemple, qui sont représentées dans l'hémisphère Nord par le *Quercus*, le *Castanea* et le *Fagus*, sont une très ancienne famille qui date du Crétacé inférieur. Le plus proche parent du hêtre *Fagus* de l'hémisphère Nord est le hêtre austral *Nothofagus*, tout aussi largement répandu dans les zones tempérées d'Australie, de Nouvelle-Zélande, d'Amérique du Sud, des montagnes de Nouvelle-Guinée et de Nouvelle-Calédonie. La disjonction de ces deux genres remonte probablement à la rupture de l'ancien supercontinent.

En revanche, certains genres sont strictement confinés à l'Ancien ou au Nouveau Monde. Le genre *Pterocarya* (à fruits ailés), qui a une espèce dans le Caucase, une au Japon et six en Chine, constitue un modèle classique de répartition de fossiles vivants dans l'Ancien Monde. Un autre exemple intéressant est donné par le genre *Cotoneaster*, très diversifié, qui comprend quelque soixante-dix espèces entièrement limitées aux chaînes montagneuses de l'Ancien Monde. Moins diversifié, mais montrant un autre modèle de répartition dans l'Ancien Monde, le genre *Laburnum* a trois espèces répandues en Europe méridionale et en Asie occidentale.

Dans l'hémisphère Nord, on ne connaît qu'une espèce d'arbre, le genévrier commun *(Juniperus communis),* qui soit répandue à travers toute l'Europe, l'Asie et l'Amérique du Nord. Néanmoins, un grand nombre de genres largement différents sont représentés par des espèces très apparentées dans les deux continents séparés. Par exemple, les platanes oriental et occidental *(Platanus orientalis* et *Platanus occidentalis)* sont maintenant largement séparés sur les deux masses continentales, mais ils formaient probablement des populations continues à l'époque qui a précédé la dérive des continents. En dépit de cette longue séparation, un hybride entre les deux espèces, le platane à feuilles d'érable *(Platanus x hispanica),* très couramment cultivé, est un témoignage vivant de la similitude biologique des deux espèces parentes.

Le ginkgo et la famille des ifs

Le ginkgo ou arbre à 40 écus *(Ginkgo biloba)* possède un long pedigree qui remonte à 200 millions d'années si l'on en croit les paléontologistes. C'est un gymnosperme, mais il diffère des conifères sur de nombreux points importants. Il est sa propre famille (les ginkgoacées) et son propre ordre (les ginkgoales). La principale différence avec les conifères est que la fécondation de l'ovule s'effectue par des anthérozoïdes mobiles. Elle ne se produit pas avant l'automne au moment où la semence est tombée sur le sol.

Les feuilles qui naissent sont vert-jaune. Elles deviennent ensuite d'un somptueux vert brillant, puis jaune clair ou dorées en automne. Deux sortes de pousses se développent. Des rameaux courts et à croissance très lente se forment le long des vieux rameaux. La croissance en longueur est assurée par de longues pousses qui ont des feuilles alternes. L'écorce, gris terne, se compose d'un rugueux réseau de côtes et de fissures qui s'entrecroisent. Des excroissances se forment sur les vieux arbres et descendent lentement le long du tronc. La couronne est généralement très droite avec une longue branche dominante.

Les fruits et les fleurs sont portés sur les rameaux courts d'arbres mâles et femelles séparés. Les arbres femelles ont des fruits globulaires ou ovoïdes de 3 centimètres. Le noyau est délicieux quand il est grillé, mais la partie charnue, poisseuse, émet une odeur putride.

Jusqu'à la dernière période glaciaire, on trouvait le ginkgo en Europe, mais il n'a sur-

Planté en 1762, il y a plus de 200 ans, ce ginkgo de Kew Gardens est en excellente santé. C'est un mâle qui ne produit pas de fruits.

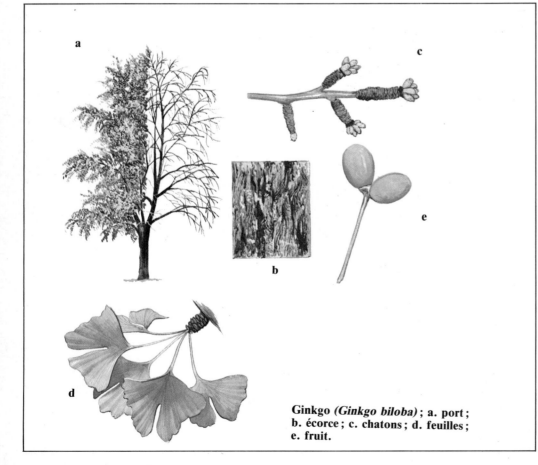

Ginkgo *(Ginkgo biloba)* ; a. port ; b. écorce ; c. chatons ; d. feuilles ; e. fruit.

Les feuilles fossiles de ginkgo montrent que cette espèce unique subsiste sans changement depuis près de 150 millions d'années.

brillantes. Il est doux, presque fade, fort apprécié par les oiseaux et par les autres animaux. La graine elle-même est très vénéneuse, mais sa coque est épaisse et dure, et, si elle n'est pas écrasée par les dents, elle traverse les intestins sans dommage. Ce passage contribue à la fois à la germination et à la dispersion de l'espèce, car les oiseaux migrateurs peuvent transporter les semences sur de longues distances.

L'if commun *(Taxus baccata)* supporte bien l'ombre et la concurrence. C'est l'une des très rares plantes qui peuvent vivre et prospérer sous certains arbres. Et, comme les hêtres, il peut pousser en terrain acide ou alcalin. Il est d'une grande longévité et d'une croissance relativement lente. On a souvent prétendu qu'ils pouvaient atteindre mille ans d'âge, avec des troncs de 10 mètres de diamètre. Cependant, les vieux spécimens sont toujours creux, et un compte exact des anneaux est impossible.

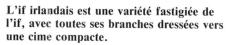

L'if irlandais est une variété fastigiée de l'if, avec toutes ses branches dressées vers une cime compacte.

vécu à l'état sauvage que dans des régions lointaines de la Chine du Sud-Est. Il fut adopté comme arbre sacré par les moines bouddhistes au cours du 1er millénaire avant notre ère et planté autour de leurs temples : c'est peut-être à cette pratique qu'il doit sa survivance. Il n'est pas certain qu'il survive encore à l'état sauvage. C'est un arbre d'une extrême longévité.

Les ifs *(Taxus)* forment un genre d'environ dix espèces. En tant que genre, ils sont très largement répartis : on les trouve dans toute l'Europe, en Afrique du Nord, à travers l'Amérique du Nord et dans toute l'Asie tempérée, jusqu'aux Célèbes, en Indonésie. Le genre est caractérisé par l'arille charnu du fruit. Les ifs sont mâles ou femelles, et le fruit ne se trouve que sur les arbres femelles. L'arille commence comme une mince couche dure et verte qui recouvre le bas de la graine et se développe en une structure juteuse et charnue, d'un rouge brillant, en forme de coupe.

Presque toutes les parties de l'if sont vénéneuses, à l'exception de l'arille aux couleurs

L'if commun *(Taxus baccata)*. **a. port ; b. fleurs mâles ; c. fruits. Pin d'Harrington** *(Cephalotaxus harringtonia)* : **d. port ; e. fruits. Cette espèce ressemble à l'if commun, bien que l'on considère les céphalotaxées comme une famille à part.**

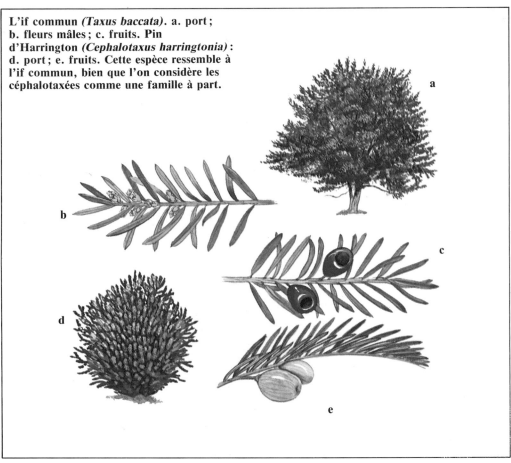

La famille des séquoias

La famille des séquoias (taxodiacées) possède les arbres les plus hauts et les plus grands du monde. Elle comprend dix genres différents, mais seulement dix-sept espèces. Aucun genre n'en a plus de trois.

Le séquoia côtier *(Sequoia sempervirens)* est, avec cent douze mètres, l'arbre le plus élevé du monde. L'affirmation que d'autres arbres comme l'eucalyptus ou le sapin de Douglas auraient dépassé cent vingt mètres n'a jamais été vérifiée.

Le séquoia ne pousse bien que là où les précipitations atteignent entre un mètre et 2,50 mètres, bien qu'il puisse en tolérer moins. Dans la nature, il se limite à une étroite bande le long du Pacifique, de la Californie centrale au sud de l'Orégon. Le climat y est doux en hiver, quand tombe le plus de pluie, et pas particulièrement brûlant en été. Cependant, il y a souvent du brouillard pendant les mois d'été, ce qui fournit à l'arbre une bonne partie de l'eau dont il a besoin. Les problèmes techniques que l'arbre doit surmonter pour transporter l'eau et les aliments depuis les racines jusqu'à une altitude de plus de 100 mètres sont considérables.

Les plus grands spécimens ne se trouvent que dans le fond plat des vallées, mais ils ne représentent que 2 % de la forêt de séquoias. Les autres arbres sont simplement grands. Le séquoia de Californie *(Sequoiadendron giganteum)* est le plus grand être vivant du monde. On estime que le plus immense d'entre eux, le *Général Sherman,* pèse 2 000 tonnes. S'il n'atteint « que » 83 mètres de haut, son diamètre est de 10 mètres à sa base. Le séquoia de Californie se limite à six douzaines de bosquets éparpillés dans la Sierra Nevada, entre 1 500 et 2 500 mètres d'altitude. Les chutes de pluie y sont moindres que dans la zone du séquoia côtier, et le climat est plus sévère, avec des hivers froids et des étés brûlants.

Les deux arbres sont persistants. Mais la famille comprend trois des cinq genres de conifères caducs, dont le métaséquoia *(Metasequoia glyptostroboides)* et le cyprès de Louisiane, ou cyprès chauve *(Taxodium distichum)*.

Le cyprès de Louisiane est confiné au sud-est des États-Unis. C'est un arbre qui peut atteindre 30 mètres et qui est capable de pousser dans les marais, le tronc entouré d'eau. Dans ces conditions, il développe des racines spéciales appelées « pneumatophores » ou « genoux » qui poussent au-dessus du niveau de l'eau et contribuent à fournir de l'oxygène aux racines. Le cyprès chauve peut croître sur presque tous les terrains, même secs, mais il ne développe pas de « genoux » sur un sol normal.

Ci-contre: le **Général Sherman,** un séquoia géant — leur père à tous. Il atteint 83 mètres de haut, 10 mètres de diamètre à la base et pèse 2 000 tonnes !

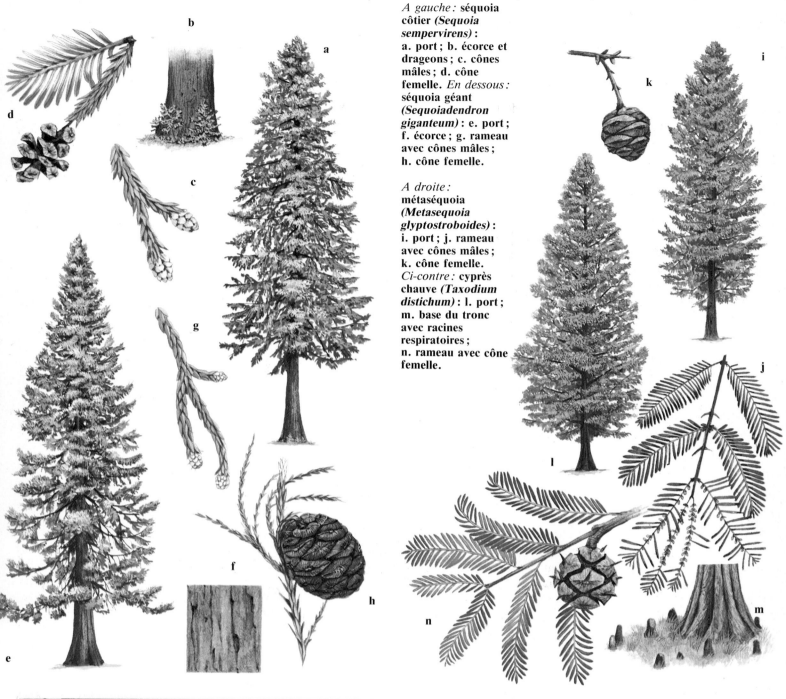

A gauche : **séquoia côtier (Sequoia sempervirens)** : a. port ; b. écorce et drageons ; c. cônes mâles ; d. cône femelle. *En dessous :* **séquoia géant (Sequoiadendron giganteum) : e. port ; f. écorce ; g. rameau avec cônes mâles ; h. cône femelle.**

A droite : **métaséquoia (Metasequoia glyptostroboides) : i. port ; j. rameau avec cônes mâles ; k. cône femelle.** *Ci-contre :* **cyprès chauve (Taxodium distichum) : l. port ; m. base du tronc avec racines respiratoires ; n. rameau avec cône femelle.**

Le métaséquoia ne fut découvert qu'en 1944, dans une partie éloignée de la Chine centrale. Actuellement, on le plante plus souvent que d'autres séquoias. Comme le cyprès chauve, il peut pousser sur n'importe quel sol et préfère les endroits humides, mais il ne peut vivre dans les marais.

Le cyprès chauve et le métaséquoia ont ceci de commun qu'ils possèdent des rameaux feuillés caducs.

Ci-contre : **le métaséquoia (Metasequoia glyptostroboides) est un fossile chinois, découvert seulement en 1941. Il est à feuillage caduc et a une belle écorce fibreuse.**

Les cyprès, les araucarias et les podocarpus

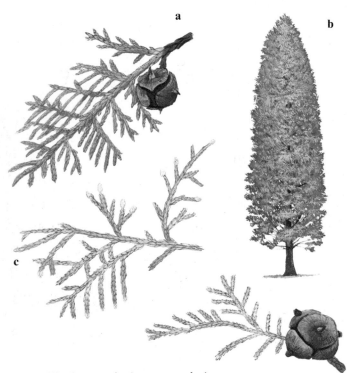

La famille des cyprès (cupressacées) comporte un certain nombre de genres différents dont la plupart n'ont que peu d'espèces. Le feuillage les distingue : en dehors du genévrier *(Juniperus)*, leurs feuilles sont toujours par paires opposées, généralement en forme d'écaille, et en pointe sur les jeunes plantes.

La famille se divise en trois d'après la forme des cônes. La plupart des genres ont des cônes arrondis avec des écailles en forme de bouclier : ils ressemblent à de petits spoutniks. Les cyprès *(Cupressus, Chamaecyparis* et *Cupressocyparis)* appartiennent à ce groupe. Le genre thuya possède des cônes ovales dressés avec des écailles articulées. Le cyprès de Lawson *(Chamaecyparis Lawsonia)* est le plus courant. A l'état sauvage, on ne le trouve que dans une région restreinte du nord-ouest de l'Amérique.

Le cyprès méditerranéen *(Cupressus sempervirens)* a des cônes qui mesurent plus de 2 centimètres et qui mettent deux ans à mûrir. Son port est étroit et dressé. Le cyprès lisse et les cyprès de Monterey *(C. glabra* et *C. macrocarpa)* sont d'autres espèces cultivées. Le cyprès de Leyland *(x Cupressocyparis leylandii)* est un hybride à croissance rapide du cyprès de Monterrey et du cyprès

En haut, à gauche : **cyprès de Nootka** *(Chamaecyparis nootkatensis)* : **a.** rameau avec cône femelle. Cyprès de Leyland *(Cupressocyparis leylandii)* : **b.** port ; **c.** rameau avec cônes mâles ; **d.** cône femelle. *Ci-dessus :* **araucaria** *(Araucaria araucana)* : **e.** port ; **f.** écorce ; **g.** rameau avec cône mâle ; **h.** cône femelle. *En haut à droite :* **cyprès de Lawson** *(Chamaecyparis lawsoniana)* : **i.** port ; **j.** rameau avec cônes mâles ; **k.** rameau avec cône femelle mûr.

En bas, ci-contre : **genévrier commun** *(Juniperus communis)* : **l.** port ; **m.** fleurs mâles ; **n.** fleurs femelles ; **o.** dessus de la feuille ; **p.** fruit.

de Nootka *(Chamaecyparis nootkatensis)*.

Le thuya géant *(Thuya plicata)* se distingue par son frais feuillage jaune-vert délicatement parfumé. Le cèdre à encens *(Libocedrus decurrens)* lui est très apparenté, mais il a deux paires de feuilles-écailles étroitement unies dans un verticille de quatre.

Les cônes des genévriers sont une version modifiée du type précédent. Les écailles ne sont pas ligneuses, mais elles deviennent charnues ou farineuses. Le genévrier *(Juniperus communis)* est de ceux qui n'ont que des feuilles pointues. Dans le genévrier, elles sont en verticilles de trois. Le genévrier de Chine et le genévrier de Virginie *(J. chinensis* et *J. virginiana)* ont des feuilles en écailles et des feuilles pointues par paires ou par trois.

La famille des araucarias (araucariacées) se compose seulement de deux genres et se limite à l'hémisphère Sud.

Le pin Kauri *(Agathis australis)* est le principal constituant des forêts de North Island en Nouvelle-Zélande. Ces énormes arbres à longs troncs cylindriques furent pillés très tôt par les colons à cause de la qualité de leur bois.

L'araucaria *(Araucaria araucana)* est originaire du sud du Chili. Il a de larges feuilles épineuses qui ne ressemblent pas du tout aux aiguilles des conifères. Elles sont disposées en spirales autour des rameaux. Les arbres sont en volutes, et ils sont mâles ou femelles. Les cônes mûrissent au bout de deux ou trois ans en dégageant de grandes graines qui ont un goût de noix.

La famille des podocarpus (podocarpacées) se trouve surtout dans l'hémisphère Sud. C'est un groupe de plantes diverses, écologiquement importantes dans leurs régions d'origine, mais, comme elles sont surtout tropicales, on en trouve peu en culture. Le podocarpus est le genre principal. Le podocarpe du Chili *(P. salignus)* est une espèce à longues feuilles étroites. Il a une écorce hirsute, orangée ou rouge-brun. Le *Phyllocladus* est un genre d'Australasie. Sa zone de photosynthèse est faite de *cladodes,* qui sont des rameaux aplatis en forme de feuilles. Les véritables feuilles ressemblent à des écailles brunes.

Ci-dessus : **des cyprès jaunes (Widdsingtonia), un petit groupe sud-africain, se dressent au-dessus de la forêt environnante.**

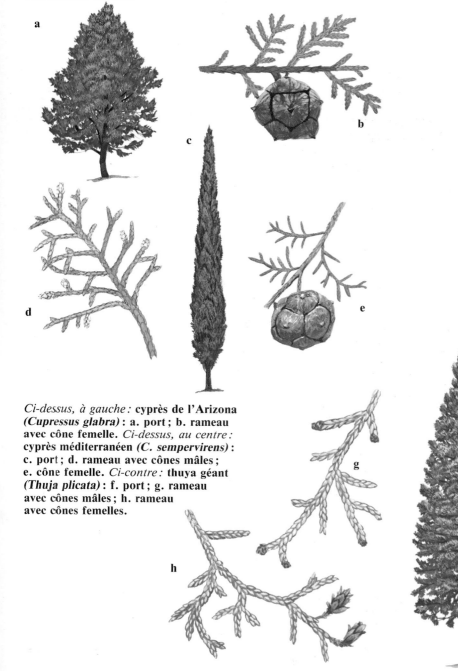

Ci-dessus, à gauche : **cyprès de l'Arizona (Cupressus glabra) : a. port ; b. rameau avec cône femelle.** *Ci-dessus, au centre :* **cyprès méditerranéen (C. sempervirens) : c. port ; d. rameau avec cônes mâles ; e. cône femelle.** *Ci-contre :* **thuya géant (Thuja plicata) : f. port ; g. rameau avec cônes mâles ; h. rameau avec cônes femelles.**

Ci-dessous : **le solide tronc sans nœuds du pin Kauri (Agathis australis) produit un bois de haute qualité. L'âge de celui-ci est estimé à mille ans. Mais il en reste peu d'aussi vieux dans les forêts néo-zélandaises. La plupart ont été abattus.**

La famille des pins

La famille des pins (pinacées) couvre une partie de la Terre plus grande qu'aucun autre groupe d'arbres. Du point de vue économique, c'est sans doute le groupe le plus important : il fournit une substantielle proportion des besoins insatiables de bois et de papier du monde. Ses dix genres comprennent à peu près la moitié du nombre total des conifères. Contrairement aux autres familles de conifères dont les espèces se présentent en individus séparés ou en petits bosquets, la plupart des espèces de la famille des pins recouvrent de grandes étendues de terrain. La famille se caractérise par la double semence que porte chaque écaille fertile des cônes.

Le genre le plus étendu et le plus complexe de la famille est le *Pinus* lui-même, qui comprend une centaine d'espèces. Ces espèces ont des aiguilles en faisceaux de deux, trois ou cinq (rarement un ou jusqu'à huit). Chaque faisceau d'aiguilles est en fait un court rameau et possède en son centre un bourgeon latent. Chaque rameau est soutenu par une vraie « feuille » — une petite écaille brune triangulaire.

Le genre *Pinus* se subdivise en deux sous-genres qui se différencient de bien des manières. Les pins souples appartiennent au sous-genre *Haploxylon*. La caractéristique distinctive la plus certaine est que chaque aiguille ne contient qu'un seul faisceau fibrovasculaire, alors qu'il y en a deux dans les pins rigides. Les caractéristiques secondaires sont toutes variables. Les pins souples ont une écorce lisse (du moins pendant longtemps), des cônes aux souples écailles ligneuses et des feuilles généralement dispo-

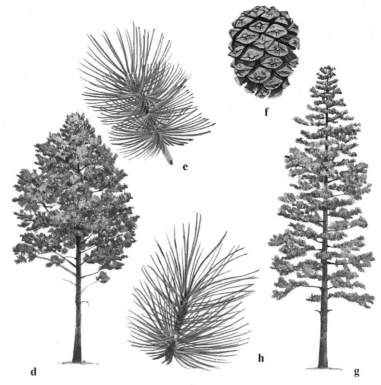

Ci-dessus, de gauche à droite : **pin de Monterey** *(P. radiata)* **: a. port ; b. grappes de feuilles ; c. cône. Pin d'Autriche** *(P. nigra nigra)* **: d. port ; e. rameau feuillu ; f. cône mûr. Pin de Corse** *(P. nigra maritima)* **: g. port ; h. rameau feuillu.**

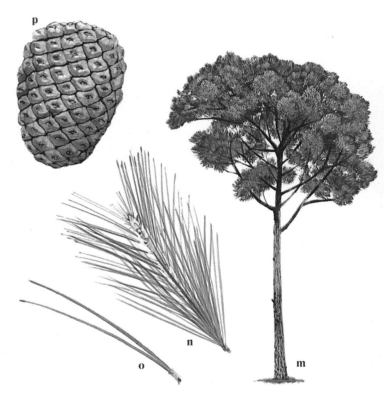

Ci-dessus, de gauche à droite : **pin sylvestre** *(P. sylvestris)* **: i. port ; j. rameau avec bourgeon d'hiver ; k. bouquet de feuilles ; l. cône mûr. Pin parasol** *(P. pinea)* **: m. port ; n. rameau avec bourgeon d'hiver ; o. feuilles ; p. cône femelle.**

sées par cinq avec des fourreaux caducs à la base. Le bois est de haute qualité, avec très peu de différence entre le bois d'été et le bois de printemps. Parmi les pins souples, on compte le pin de Weymouth ou pin blanc *(Pinus strobus)* de l'est de l'Amérique du Nord et du Mexique, le pin pleureur *(P. wallichiana)* de l'Himalaya et l'arolle *(P. cembra)* d'Europe centrale. Les pins à queue de renard du sud-ouest des Etats-Unis sont un groupe de trois espèces, et comptent le plus vieil être vivant du monde : des plantes datant de cinq mille ans vivent encore dans les montagnes Blanches de Californie. Le pin à cône épineux *(P. aristata)* est l'espèce la plus courante.

Les pins rigides ont généralement leurs aiguilles groupées par deux ou trois. L'écorce est plus rugueuse et les aiguilles

sont plus dures. Il y a des différences sensibles entre le bois du printemps et le bois d'été. Le pin sylvestre *(P. sylvestris)* couvre une aire énorme qui va des Pyrénées et du nord de l'Ecosse à travers tout le nord du continent eurasiatique, pratiquement jusqu'aux rives du Pacifique dans le nord-est de la Chine. Parmi d'autres pins rigides, on recense le pin de Corse *(P. nigra maritima)*, le pin parasol *(P. pinea)*, une espèce méditerranéenne, et le pin de Monterey *(P. radiata)*, un pin à trois aiguilles, confiné à l'état sauvage dans cinq sites de Californie et du Mexique, mais planté sur de vastes étendues en Nouvelle-Zélande, au Chili, en Australie, en Afrique du Sud et en Espagne.

La famille des pins (suite)

Les autres genres de la famille des pins se distinguent par deux caractéristiques principales : ils ont des rameaux courts et longs, ou des rameaux longs seulement. Les écailles des cônes s'ouvrent pour libérer les graines, ou le cône se désintègre, libérant en même temps les écailles et les graines.

Résumé des caractères génériques

Genre	Rameaux courts	Cônes
Abies	non	se désintègrent
Cedrus	oui	se désintègrent
Larix	oui	s'ouvrent
Picea	non	s'ouvrent
Pseudotsuga	non	s'ouvrent
Tsuga	non	s'ouvrent
Pinus	oui	s'ouvrent

Le sapin *(Abies)* forme le second grand groupe de la famille, avec près de cinquante espèces réparties dans tout l'hémisphère Nord et jusqu'au Guatémala. Le sapin argenté *(A. alba)* est l'arbre le plus grand d'Europe. Il a un tronc puissant avec une écorce grise craquelée et fissurée. Les jeunes

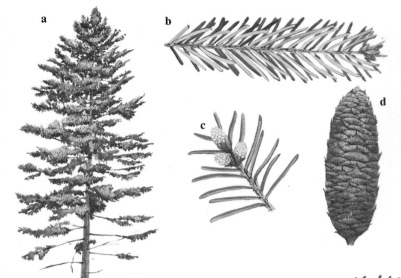

Ci-contre : **sapin argenté *(Abies alba)* :** a. port ; b. rameau ; c. cônes mâles ; d. cône femelle. *Ci-dessous :* **sapin de Vancouver *(A. grandis)* :** e. port ; f. rameau ; g. cônes mâles ; h. cône femelle.

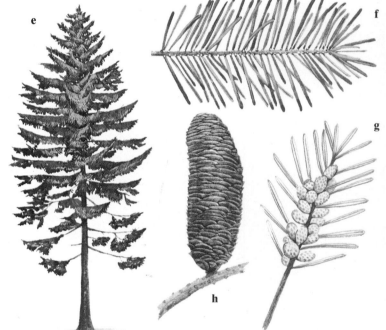

arbres ont souvent des ampoules de résine dans leur écorce. Le sapin de Vancouver *(A. grandis)* est une espèce à haute croissance de l'ouest de l'Amérique du Nord. On prétend que certains y atteignent 100 mètres de haut.

Les cèdres sont un groupe restreint de quatre espèces. Les rameaux courts se développent depuis les bourgeons des rameaux longs de l'année précédente. De nouvelles rosettes de feuilles apparaissent annuellement pendant plusieurs années sur chaque rameau court qui meurt ensuite sans fleurir ou après avoir fleuri. Le cèdre du Liban *(C. libani)* a un tronc massif et une couronne de branches plates en gradins qui peuvent s'endommager sous la neige humide. Le cèdre de l'Atlas *(C. atlantica)* a des cônes plus petits. Il est généralement cultivé sous sa forme *glauca* qui a un feuillage bleu-gris. Le deodar de l'Himalaya *(C. deodara)* est le meilleur arbre, avec un seul tronc droit.

Les mélèzes *(Larix)* sont le principal genre de conifères à feuillage caduc. Leurs feuilles souples sont portées sur des rameaux longs et courts, mais les cônes dressés ne se disloquent pas pour libérer les semences. Le

A gauche : **cèdre déodar *(C. deodara)* :** i. port ; j. rameau avec cônes mâles ; k. cône femelle. *A droite :* **cèdre de l'Atlas *(C. atlantica)* :** l. port ; m. jeune rameau ; n. cône femelle. *En bas :* **cèdre du Liban *(Cedrus libani)* :** o. port ; p. écorce ; q. cône mâle ; r. cône femelle.

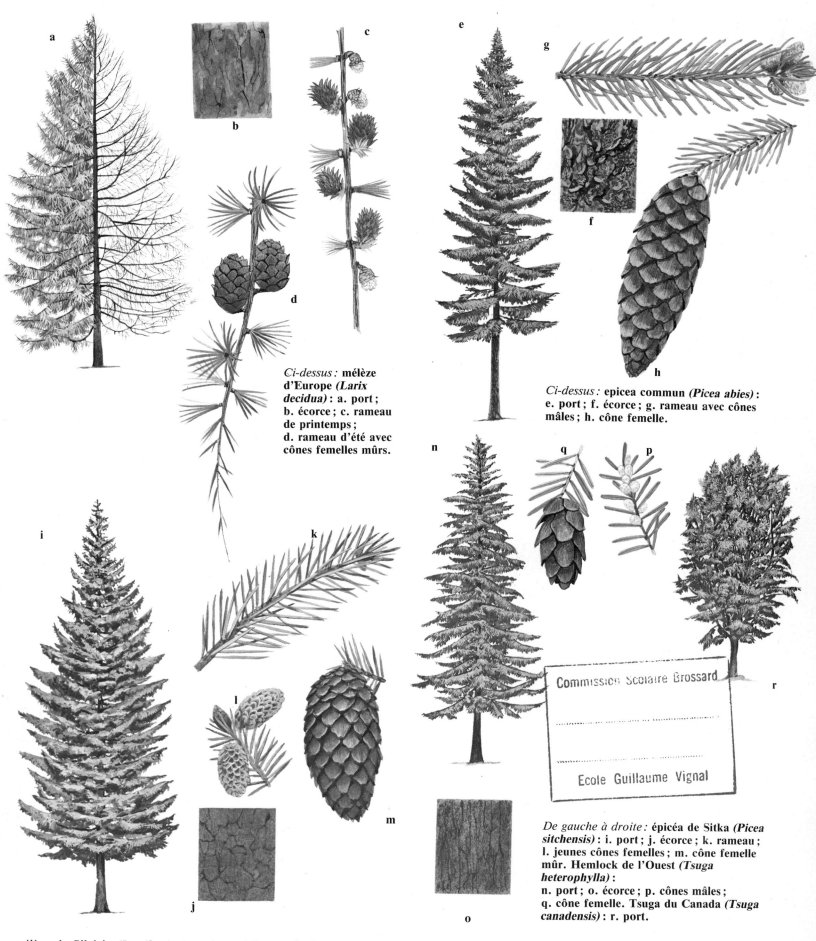

Ci-dessus : **mélèze d'Europe (Larix decidua) : a. port ; b. écorce ; c. rameau de printemps ; d. rameau d'été avec cônes femelles mûrs.**

Ci-dessus : **epicea commun (Picea abies) : e. port ; f. écorce ; g. rameau avec cônes mâles ; h. cône femelle.**

De gauche à droite : **épicéa de Sitka (Picea sitchensis) : i. port ; j. écorce ; k. rameau ; l. jeunes cônes femelles ; m. cône femelle mûr. Hemlock de l'Ouest (Tsuga heterophylla) : n. port ; o. écorce ; p. cônes mâles ; q. cône femelle. Tsuga du Canada (Tsuga canadensis) : r. port.**

mélèze de Sibérie *(L. siberica)* est le seul à occuper un vaste domaine, et c'est l'arbre le plus septentrional. Le mélèze européen *(L. decidua)* et le mélèze du Japon *(L. kaempferi)* sont les principales espèces cultivées.

Les épicéas *(Picea)* comptent une trentaine d'espèces. Leurs aiguilles se terminent toujours en une seule pointe, acérée ou émoussée, et se situent sur une excroissance d'un rameau appelé « pulvinus ». Les cônes d'épicéa, initialement droits, se retournent et deviennent pendants. L'épicéa commun *(P. abies)* est la principale espèce européenne. L'épicéa de Sitka *(P. sitchensis)* se trouve le long de la côte Pacifique de l'Amérique du Nord.

Le *Pseudotsuga* est une espèce commune de l'ouest de l'Amérique du Nord, plus quelques espèces rares qu'on y trouve, de même qu'en Asie de l'Est. Le genre se caractérise par les curieuses écailles-bractées, à trois dents, du cône. Le feuillage souple dressé sur le rameau le distingue des épicéas. Le sapin de Douglas *(P. menziesii)* est un important arbre à bois au cœur rouge-brun.

Les tsugas *(Tsuga)* sont un petit groupe apparenté aux épicéas. Le tsuga de Californie *(T. heterophylla)* est la principale espèce à bois et un des plus majestueux conifères d'Amérique. Son bon bois blanc supporte bien l'ombre. Jeune, il est incroyablement beau avec ses ramures et ses branches maîtresses qui se balancent.

47

La famille des saules

La famille des saules (salicacées) se compose de deux genres : *Salix,* le saule, et *Populus,* le peuplier. Tous deux portent des chatons mâles et femelles sur des arbres séparés, mais un certain nombre de caractéristiques visibles les séparent.

Les saules sont un groupe de plantes à très large distribution. On les trouve surtout dans les régions froides et tempérées de l'hémisphère Nord, mais quelques espèces s'étendent jusqu'en Amérique du Sud et en Afrique. Leur taille va de minuscules arbrisseaux comme le *Salix herbacea,* qui ne mesure que de 2 à 5 centimètres, aux arbres de 25 mètres.

Les chatons des saules sont fécondés par les insectes, et les fleurs contiennent chacune à leur base une ou plusieurs glandes qui sécrètent du nectar. Les chatons mâles sont droits. Ils se forment généralement avant les feuilles, sauf quelques rares exceptions, comme le saule-laurier *(S. pentandra).* L'écaille ou la bractée qui se trouve à la base de chaque fleur est entière. Les bourgeons ont de simples écailles, et les rameaux d'hiver n'ont pas de bourgeon terminal. La croissance repart des bourgeons axillaires (latéraux) près de la pointe.

Ci-contre : **saule fragile *(Salix fragilis)* : a. port ; b. rameau feuillu ; c. chatons mâles ; d. fleur mâle ; e. chaton femelle.**

Ci-dessus : **saule Marsault *(Salix caprea)* : j. port ; k. rameau feuillu ; l. chatons mâles ; m. chaton femelle.**

Ci-contre : **peuplier blanc *(Populus alba)* : n. port ; o. feuilles ; p. écorce ; q. rameau avec chaton mâle ; r. fleur mâle ; s. chaton femelle.**

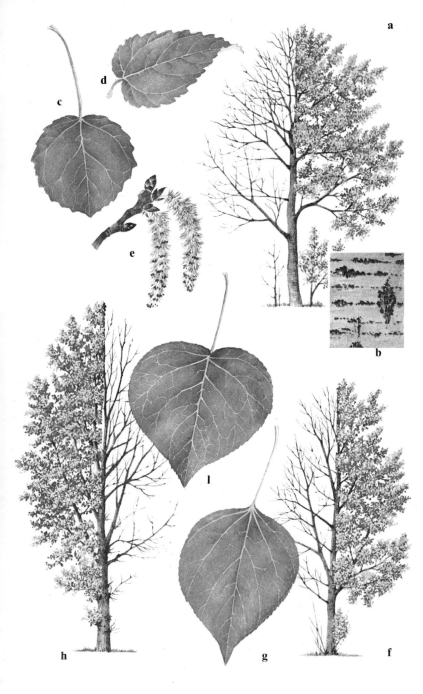

Tremble (Populus tremula) :
a. port ; b. écorce ;
c. feuille d'arbre mûr ;
d. feuille de drageon ;
e. chatons mâles.

Peuplier baumier (Populus balsamifera) :
f. port ; g. feuille.
Baumier de l'Ouest (P. trichocarpa) :
h. port ; l. feuille.

beaucoup d'écailles et il y a un bourgeon terminal.

Le tremble *(P. tremula)* et le peuplier blanc *(P. alba)* appartiennent à un groupe dont l'écorce jeune est lisse et pâle avant de se piquer de trous noirs en forme de losange. Le tremble se caractérise par des feuilles rondes sur un pétiole aplati qui fait trembler la feuille à la moindre brise. Le peuplier blanc a des feuilles revêtues d'un épais duvet blanc par dessous. Tous deux développent de nombreux drageons, tout comme le peuplier grisard *(P. canescens)*, leur hybride.

Le peuplier noir *(P. nigra)* se trouve normalement sous la forme du peuplier de Lombardie *(P. nigra Italica)* ou du peuplier de Manchester *(P. betulifolia)*. On plante aussi fréquemment des hybrides du peuplier noir avec le *P. deltoïdes* américain.

Les peupliers baumiers, ainsi appelés à cause de la senteur balsamique qu'ils émettent, ont des bourgeons d'hiver gommeux ou collants qui laissent des traces jaunes sur les doigts. Les feuilles sont vernies avec une texture blanche par dessous. La forme la plus commune en culture est le baumier occidental *(P. trichocarpa)* qui vient de l'ouest de l'Amérique du Nord.

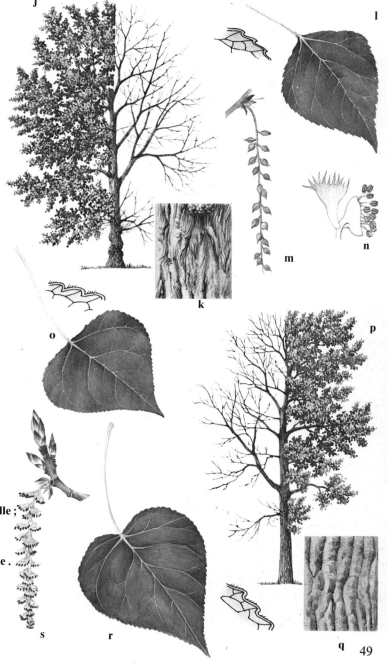

Le saule blanc *(S. alba),* d'Europe et d'Asie occidentale, est l'une des plus grandes espèces. C'est un arbre élégant aux feuilles étroites, toujours duveteuses par dessous. Le saule fragile *(S. fragilis)* est proche du saule blanc mais il en diffère par ses feuilles plus longues qui deviennent rapidement glabres par dessous. On l'appelle « fragile » parce que les rameaux de deux ans se cassent facilement à la jointure lorsqu'on les plie. Le saule Marsault *(Salix caprea)* est le principal des arbres du groupe des saules blancs. Ces arbres peuvent atteindre 10 mètres. Le saule-laurier *(Salix pentandra)* atteint 15 mètres. Il a des feuilles ovées ou ovales, brillantes et aromatiques, que l'on utilise en remplacement des feuilles de laurier.

Les peupliers sont de grands arbres. Beaucoup d'espèces dépassent régulièrement 15 ou 20 mètres. Les fleurs diffèrent de celles des saules parce que la bractée qui se trouve sous chacune d'elles est profondément divisée, qu'elles sont fécondées par le vent et qu'elles sont pendantes. Les bourgeons ont

Ci-contre : **peuplier noir (Populus nigra) :**
j. port ; k. écorce ; l. feuille ;
m. chaton fructifère ;
n. fleur mâle. **Peuplier noir hybride (P.x canadensis) :** o. feuille .
Au-dessous : Populus deltoides : p. port ;
q. écorce ; r. feuille ;
s. chaton mâle.

La famille des noyers

Le noyer (juglandacées) est surtout renommé pour ses noix et pour son bois de cœur que l'on utilise pour les meubles et les crosses de fusil. Il constitue une famille éparpillée qui représentait jadis une très importante composante des forêts tempérées.

Le noyer *(Juglans regia),* originaire du sud-est de l'Europe, est répandu de l'Asie Mineure à l'Himalaya, à la Chine occidentale et à l'Asie centrale. Son nom latin, *Juglans,* vient de *Jupiter* et de *glans* et signifie la noix ou le gland de Jupiter. Le bois de cœur des noyers n'est pas solide. Il en va de même de celui des ptérocaryers.

Les noyers sont fécondés par le vent. Les fleurs femelles apparaissent à la base des rameaux de l'année et s'épanouissent au printemps. Les chatons mâles sortent vers le bout des rameaux de l'année précédente. Les feuilles sont pennées et alternes sur le rameau. Elles ont un contour obové avec cinq ou sept folioles. Le noyer est la seule espèce du genre dans laquelle les folioles ne sont pas dentées.

Les fruits du noyer se composent d'une enveloppe verte qui recouvre une noix à écorce ligneuse. L'enveloppe verte est riche en tanin et laisse des traces jaunes sur les doigts. La coquille est sculptée et contient une seule semence convolutée.

Ci-contre en haut : **ptérocarya du Caucase (P. fraxinifolia) : a. port ; b. rameau avec feuille et chaton femelle. Noyer noir *(Juglans nigra)* : e. rameau feuillu avec fruits. Noyer *(Juglans regia)* : c. port ; d. rameau feuillu avec fruits.**

Meuble en noyer. Ce bois est apprécié par les ébénistes depuis plus de 500 ans, mais il reste relativement rare.

Les noyers produisent une substance appelée « juglone » qui retarde la croissance de beaucoup de plantes et réduit ainsi la concurrence. De telles substances sont une forme de pollution naturelle et, bien qu'elles soient émises par bien des plantes, surtout en milieu semi-désertique, peu de ces plantes sont des arbres.

Le noyer noir *(Juglans nigra)*, de l'est de l'Amérique du Nord, est également un arbre majestueux, cultivé pour ses noix et son bois.

Le caryer d'Amérique *(Carya)* est apparenté aux noyers et il produit également de délicieuses noix huileuses. Le bois en est renommé pour sa résistance et l'on en fait les meilleurs manches d'outils et d'équipements sportifs. Le caryer, ou hickory, se trouve surtout à l'est de l'Amérique du Nord, et quatre espèces vivent en Chine. Mais on en a trouvé des fossiles dans tout l'hémisphère Nord. Le caryer blanc *(C. ovata)* a des feuilles munies généralement de cinq folioles : les trois dernières sont de loin les plus grandes. Il a une écorce très particulière qui s'écaille en longues bandes. Celles-ci restent fixées au centre avant de se détacher, mais seulement sur des arbres de plus de vingt-cinq ans. Le ptérocaryer *(Pterocarya fraxinifolia)* a de petites noix qui portent une aile de chaque côté. Elles se présentent comme des perles sur de longs racèmes pendants. Cet arbre est originaire des forêts de la Caspienne.

Le *Platycarya strobilacea* est rare mais très intéressant. Ses fruits sont dressés en forme de cônes et il possède des rameaux à moelle dure. Il fut découvert en 1840 comme fossile vieux, croyait-on, d'un million d'années dans des couches d'argile de l'île de Sheppey. Trois ans plus tard, on découvrit la plante vivante au Japon.

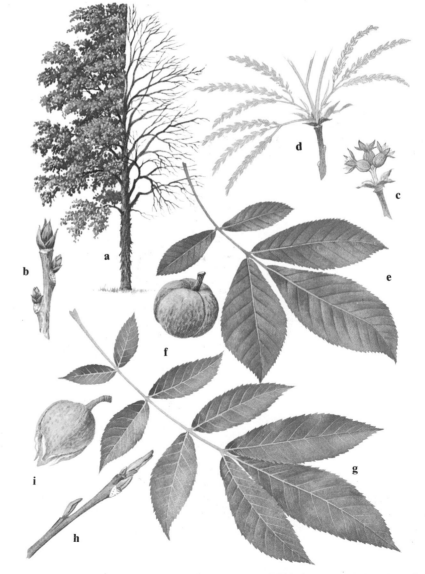

Carya ovoïde *(Carya ovata)* : a. port ; b. rameau d'hiver ; c. fleurs ; d. chatons mâles ; e. feuilles ; f. fruit . Carya cordiformis : g. feuilles ; h. rameau d'hiver ; i. fruit.

Famille des bouleaux, aulnes, charmes et coudriers

Les bouleaux, les aulnes, les charmes et les coudriers sont souvent considérés comme une seule famille — les bétulacées — mais on les divise aussi souvent en trois familles : Le *Betula* (bouleau) et l'*Alnus* (aulne) restent dans les bétulacées, mais le *Carpinus* (charme) va dans les carpinacées et le *Corylus* (coudrier) dans les corylacées. Tous ces arbres sont fécondés par le vent et produisent d'attrayants chatons pendants. Les chatons mâles sont préformés l'été ou l'automne de l'année précédente. Chez les charmes, ils hivernent dans les bourgeons, mais, dans les autres genres, ils sont apparents, ce qui aide à les identifier.

Les bouleaux *(Betula)* sont une espèce de pionniers. Ils colonisent un bon terrain nu et s'y installent rapidement. Ils ne vivent pas très longtemps et sont souvent suivis dans la succession écologique par d'autres arbres qui apprécient l'abri d'un bois de bouleaux. Dans les régions arctiques et dans les hautes montagnes, les bois de bouleaux subsistent de génération en génération. Les chatons femelles pointent à l'époque de la floraison,

Ci-contre : **bouleau verruqueux (B. pendula) : a. port ; b. écorce ; c. feuille ; d. rameau fleuri avec chatons mâles et femelles ; e. écaille ; f. akène. Bouleau à papier (B. papufera) : l. écorce. Bouleau pubescent (B. pubescens) : g. port ; h. écorce ; i. rameau fleuri avec chatons à fruits ; j. écaille ; k. akène.**

Ci-dessous : **bouleau de Chine à écorce rouge (B. albosinensis) : l'écorce du haut du tronc et des branches se desquame en minces lambeaux.**

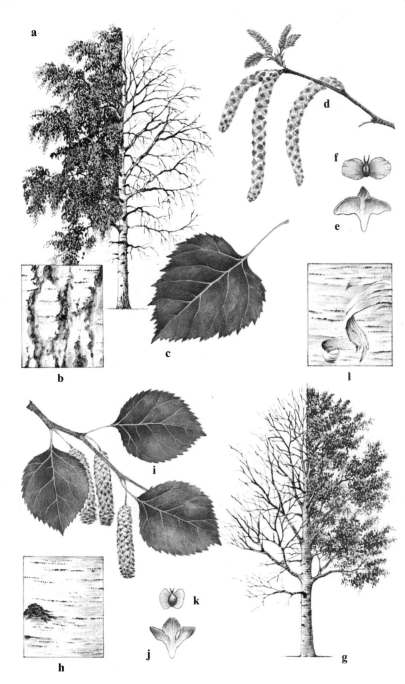

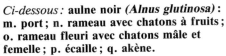

Ci-dessous : **aulne noir (Alnus glutinosa) : m. port ; n. rameau avec chatons à fruits ; o. rameau fleuri avec chatons mâle et femelle ; p. écaille ; q. akène.**

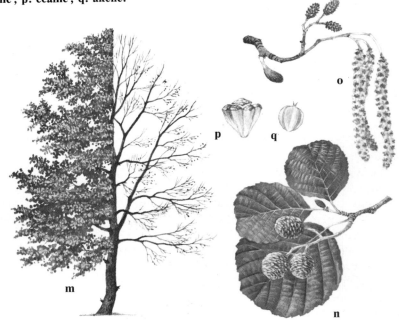

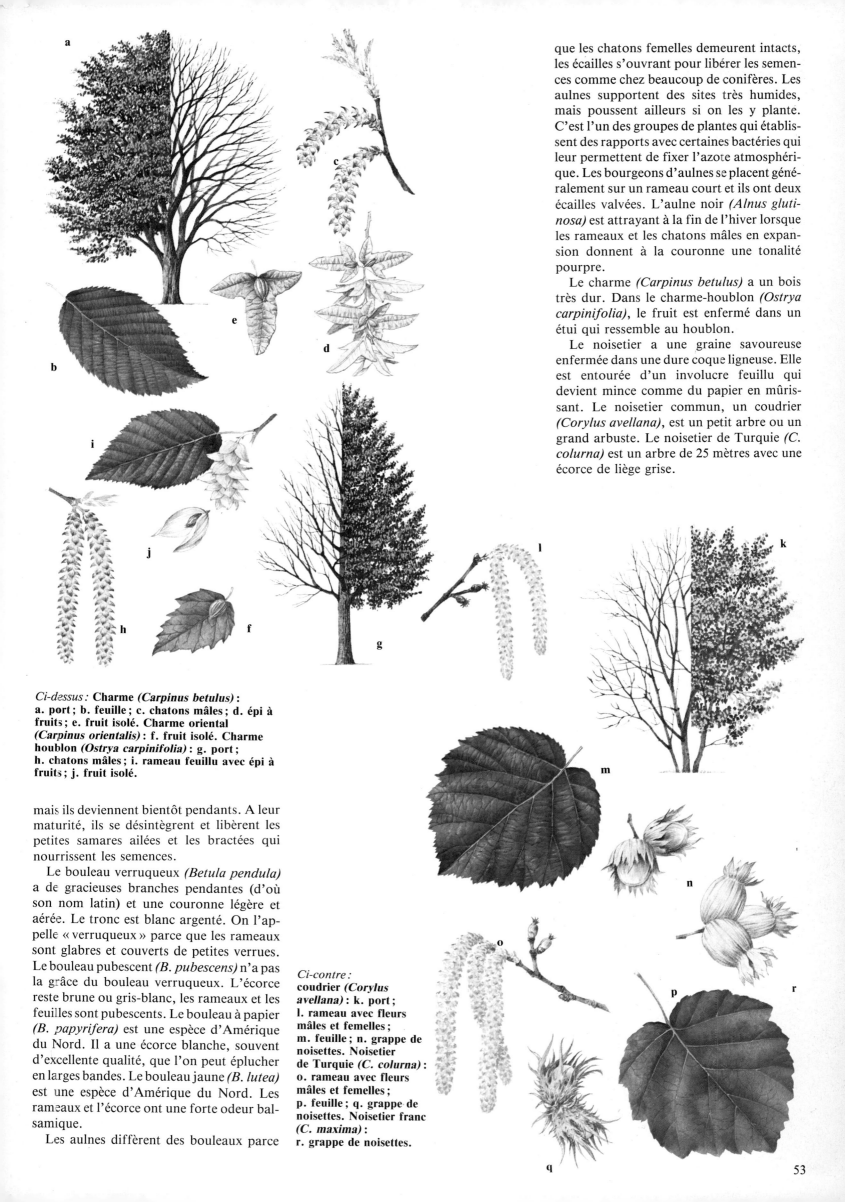

que les chatons femelles demeurent intacts, les écailles s'ouvrant pour libérer les semences comme chez beaucoup de conifères. Les aulnes supportent des sites très humides, mais poussent ailleurs si on les y plante. C'est l'un des groupes de plantes qui établissent des rapports avec certaines bactéries qui leur permettent de fixer l'azote atmosphérique. Les bourgeons d'aulnes se placent généralement sur un rameau court et ils ont deux écailles valvées. L'aulne noir *(Alnus glutinosa)* est attrayant à la fin de l'hiver lorsque les rameaux et les chatons mâles en expansion donnent à la couronne une tonalité pourpre.

Le charme *(Carpinus betulus)* a un bois très dur. Dans le charme-houblon *(Ostrya carpinifolia)*, le fruit est enfermé dans un étui qui ressemble au houblon.

Le noisetier a une graine savoureuse enfermée dans une dure coque ligneuse. Elle est entourée d'un involucre feuillu qui devient mince comme du papier en mûrissant. Le noisetier commun, un coudrier *(Corylus avellana)*, est un petit arbre ou un grand arbuste. Le noisetier de Turquie *(C. colurna)* est un arbre de 25 mètres avec une écorce de liège grise.

Ci-dessus : **Charme *(Carpinus betulus)* : a. port ; b. feuille ; c. chatons mâles ; d. épi à fruits ; e. fruit isolé. Charme oriental *(Carpinus orientalis)* : f. fruit isolé. Charme houblon *(Ostrya carpinifolia)* : g. port ; h. chatons mâles ; i. rameau feuillu avec épi à fruits ; j. fruit isolé.**

mais ils deviennent bientôt pendants. A leur maturité, ils se désintègrent et libèrent les petites samares ailées et les bractées qui nourrissent les semences.

Le bouleau verruqueux *(Betula pendula)* a de gracieuses branches pendantes (d'où son nom latin) et une couronne légère et aérée. Le tronc est blanc argenté. On l'appelle « verruqueux » parce que les rameaux sont glabres et couverts de petites verrues. Le bouleau pubescent *(B. pubescens)* n'a pas la grâce du bouleau verruqueux. L'écorce reste brune ou gris-blanc, les rameaux et les feuilles sont pubescents. Le bouleau à papier *(B. papyrifera)* est une espèce d'Amérique du Nord. Il a une écorce blanche, souvent d'excellente qualité, que l'on peut éplucher en larges bandes. Le bouleau jaune *(B. lutea)* est une espèce d'Amérique du Nord. Les rameaux et l'écorce ont une forte odeur balsamique.

Les aulnes diffèrent des bouleaux parce

Ci-contre : **coudrier *(Corylus avellana)* : k. port ; l. rameau avec fleurs mâles et femelles ; m. feuille ; n. grappe de noisettes. Noisetier de Turquie *(C. colurna)* : o. rameau avec fleurs mâles et femelles ; p. feuille ; q. grappe de noisettes. Noisetier franc *(C. maxima)* : r. grappe de noisettes.**

La famille des hêtres

Ci-contre:
Hêtre (Fagus sylvatica) : a. port ; b. écorce ; c. rameau de printemps fleuri ; d. feuille adulte ; e. faînes. Hêtre du Levant (F. orientalis) : f. feuille ; g. faîne. Raoul (Nothofagus procera) : h. port ; i. rameau de printemps fleuri ; j. faînes. Hêtre oblique (N. obliqua) : k. feuille ; l. faînes.

sont persistants, mais le hêtre oblique (*N. obliqua*) et le raoul (*N. procera*) sont à feuillage caduc. Ils ressemblent au hêtre, surtout en ce qui concerne la cupule hérissée, mais celle-ci est plus petite et contient trois semences, deux triangulaires et une centrale plate.

Le châtaignier (*Castanea sativa*) produit un fruit hérissé beaucoup plus grand contenant aussi trois graines comestibles. Il a des feuilles elliptiques dentées. C'est un grand arbre avec un tronc vigoureux et une écorce rugueuse visiblement spiralée. On fend très facilement son bois pour fabriquer des pieux.

Le chêne *(Quercus)* à feuilles est un important genre de plus de quatre cent cinquante espèces, dont la plupart sont persistantes et dont la moitié se trouvent au Mexique. Ils se distinguent par leur gland fixé dans une cupule. Dans le chêne pédonculé *(Q. robur)*, les glands sont disposés sur un long pédoncule commun. Dans le chêne rouvre *(Q. petraea)*, les glands sont sessiles sur un rameau court. Tous deux sont d'importants arbres à bois.

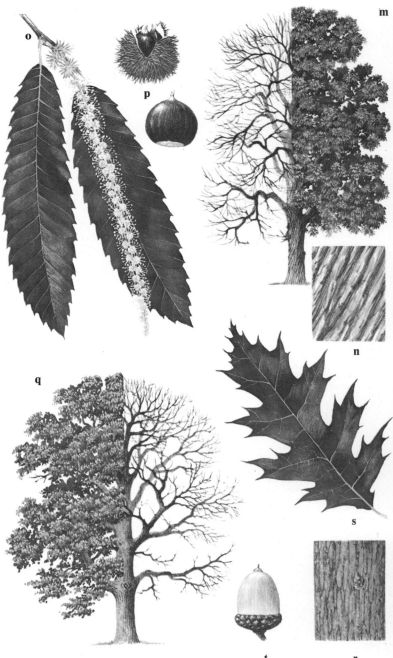

La famille des hêtres (fagacées), qui comprend aussi les chênes, est un important groupe d'arbres fécondés par le vent possédant un bois précieux. Certains produisent aussi des fruits comestibles. Le hêtre *(Fagus sylvatica)* accepte les sols très acides ou fortement alcalins. Son système racinaire est peu profond et réclame un sol non compact qui se draine librement. L'écorce est très mince — moins d'un centimètre.

Les feuilles brunes des jeunes plantes ne tombent pas en hiver, de sorte que le hêtre fait de bonnes haies. On utilise le bois pour des meubles et des chevilles. Son fruit, la faîne, est une cupule hérissée qui s'ouvre en quatre. Dans chaque cupule, il y a deux semences triangulaires.

Les hêtres austraux (*Nothofagus*) sont originaires d'Amérique du Sud. Beaucoup

Ci-contre:
châtaignier commun (C. sativa) : m. port ; n. écorce ; o. rameau feuillu avec épi à fleurs ; p. fruit. Chêne rouge (Quercus rubra) : q. port ; r. écorce ; s. feuille ; t. gland.

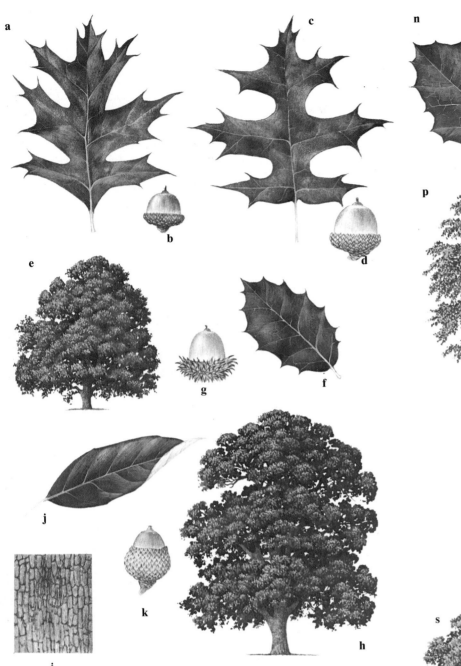

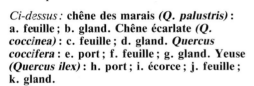

Ci-dessus : **chêne-liège *(Q. suber)* : l. port ;
m. écorce ; n. feuille ; o. gland. Chêne
chevelu *(Q. cerris)* : p. port ; q. feuille ;
r. gland.**

Ci-dessus : **chêne des marais *(Q. palustris)* :
a. feuille ; b. gland. Chêne écarlate *(Q.
coccinea)* : c. feuille ; d. gland. *Quercus
coccifera* : e. port ; f. feuille ; g. gland. Yeuse
(Quercus ilex) : h. port ; i. écorce ; j. feuille ;
k. gland.**

L'yeuse à feuilles ou chêne vert *(Q. ilex)*
est une espèce persistante dont le gland mûrit
au début de l'automne. Le chêne chevelu *(Q.
cerris)* a une croissance rapide. Il a un
magnifique feuillage mais son bois est sans
valeur. Le chêne-liège *(Q. suber)* lui est
apparenté, mais il a une épaisse écorce dont
on tire le liège. Un hybride entre les deux :
Q. x hispanica.

Les chênes rouges sont un important
groupe américain. Le chêne rouge *(Q. rubra)*
a des feuilles mates variables. Le chêne écarlate *(Q. coccinea)* a des feuilles très brillantes
par-dessous, avec trois sinus réguliers et
arrondis, du moins sur un bord. Le chêne des
marais *(Q. palustris)* a une curieuse couronne dans laquelle les branches les plus basses sont pendantes.

Ci-contre : **chêne
rouvre *(Q. petrae)* :
s. port ; t. feuille ;
u. gland. Chêne
pédonculé *(Q.
robur)* : v. port ;
w. écorce ; x. feuille ;
y. gland.**

La famille des ormes et des mûriers

Les ormes *(Ulmus)* ont terriblement souffert, ces derniers temps, de la maladie néerlandaise, et ils n'occupent plus la situation dominante qu'ils avaient. Cependant, certaines espèces et d'autres ulmacées résistent ou sont immunisées. On a d'abord observé cette maladie en France, en 1918, et on l'a attribuée aux gaz asphyxiants de la Première Guerre mondiale, mais, en fait, elle est produite par un champignon, le *Ceratocystis ulmi*. Celui-ci se développe dans le bois de printemps et bloque les conduits aquifères. La maladie peut passer d'arbre en arbre par des greffons de racine (en effet, de nombreux ormes sont des surgeons d'un système radiculaire commun) ou par les coléoptères de l'écorce. L'infection primaire est causée par les coléoptères qui viennent de naître et qui se nourrissent sur l'écorce ou les rameaux de la couronne des arbres sains. S'ils ont été engendrés dans une écorce infectée, ils peuvent transmettre des spores du champignon qui tueront progressivement l'arbre. Les premières recherches sur cette maladie ont été entreprises par des savants néerlandais, d'où son nom.

Toutes les espèces d'ormes, sauf trois, fleurissent au début du printemps, avant les feuilles, sur des branches nues. Les fleurs sont suivies par les semences ailées qui apparaissent peu après les feuilles.

L'orme des montagnes *(Ulmus glabra)* est une espèce indigène. L'orme à feuilles de charme *(U. carpinifolia)* fut introduit par des tribus belges au premier siècle avant notre ère. L'ormeau *(U. procera)* est une grande espèce qui ne produit presque jamais de semences viables. Il se reproduit uniquement par drageons. L'orme japonais *(U. japonica)* est l'une des espèces qui résistent bien à la maladie néerlandaise. Il présente le même aspect que l'orme des montagnes.

Ci-dessus : **orme de montagne *(U. glabra)* : a. port ; b. rameau fleuri ; c. fruit ; d. rameau feuillé. Ormeau *(U. procera)* : e. port ; f. écorce ; g. rameau feuillu ; h. fruit.**

Ci-contre : **orme du Caucase *(Zelkova carpinifolia)* : i. port ; j. écorce ; k. rameau de printemps fleuri ; l. rameau d'été avec fruit.**

Le zelcowa est une espèce apparentée dans laquelle le fruit n'est pas une samare ailée mais une drupe sèche. L'orme du Caucase *(Z. carpinifolia)* est un grand arbre courant, mais on plante plus souvent le keaki du Japon *(Z. serrata)*.

Un autre genre apparenté est celui des micocouliers *(Celtis)*. Ceux-ci ont une drupe charnue, et les feuilles ont trois nervures principales qui partent près de la base. Le micocoulier austral *(C. australis)* est originaire d'Europe du Sud. Le *C. occidentalis* de l'est de l'Amérique du Nord lui ressemble, mais son écorce grise présente de bizarres fissures longitudinales.

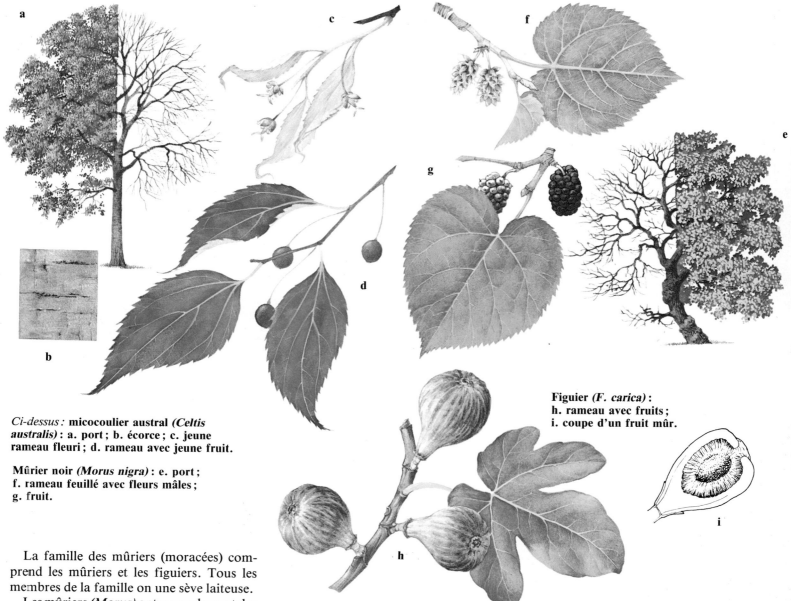

Ci-dessus : micocoulier austral *(Celtis australis) :* a. port ; b. écorce ; c. jeune rameau fleuri ; d. rameau avec jeune fruit.

Mûrier noir *(Morus nigra) :* e. port ; f. rameau feuillé avec fleurs mâles ; g. fruit.

Figuier *(F. carica) :* h. rameau avec fruits ; i. coupe d'un fruit mûr.

La famille des mûriers (moracées) comprend les mûriers et les figuiers. Tous les membres de la famille on une sève laiteuse.

Les mûriers *(Morus)* ont normalement des feuilles en forme de cœur, et leur fruit succulent est, comme la framboise, un syncarpe (un amas de drupes). Le mûrier blanc *(M. alba),* la nourriture préférée du ver à soie, est originaire de l'Asie de l'Est. On ne sait pas avec certitude d'où vient le mûrier noir *(M. nigra).* On le cultive depuis longtemps pour ses fruits délicieux.

Les figuiers sont un genre important, surtout tropical, d'arbres à feuillage persistant. Quelques-uns, comme le figuier commun *(Ficus carica),* sont à feuillage caduc. Le fruit, la figue, est une production remarquable. Il est creusé à l'apex, et les parties florales se trouvent à l'intérieur. La fécondation est assurée par un hyménoptère qui naît dans la figue et qui le quitte par un petit trou terminal pour aller visiter l'arbre voisin. Le fruit, succulent, se développe généralement le deuxième été. De nombreux figuiers de culture sont parthénogénétiques, c'est-à-dire qu'ils se développent sans avoir besoin d'être fécondés, car, en Europe septentrionale, les insectes ne survivent pas.

Larves du coléoptère de l'orme. Celui-ci ne provoque pas la maladie, mais il la transmet en transportant les spores du champignon.

Une villageoise cueillant les feuilles du mûrier blanc, en Chine, pour nourrir les vers à soie.

La famille des magnolias, des katsuras et des lauriers

La famille des magnolias (magnoliacées) se caractérise par la structure simple des fleurs et des fruits. Ils ne possèdent pas de sépales et de pétales facilement identifiables. Les pièces florales sont très semblables et on les appelle collectivement « tépales ». Le fruit est un amas de carpelles disposés en spirales et en forme de cône, chaque carpelle contenant une ou deux semences.

Dans le magnolia, les carpelles s'ouvrent le long du centre de la partie extérieure, et les semences rouge orangé en tombent. Pendant un certain temps, elles restent attachées par un mince fil. Dans le liriodendron, chaque carpelle devient une samare, et le fruit se désintègre en libérant les semences.

Les magnolias existent à l'état fossile dans tout l'hémisphère Nord, mais les espèces existantes sont confinées à l'Asie de l'Est et à l'est de l'Amérique du Nord. Le magnolia (*M. x soulagiana*) est un hybride de deux espèces chinoises. C'est l'une des espèces qui, au printemps, donne des fleurs sur des branches nues. Les fleurs hivernent dans de grands bourgeons velus qui sont beaucoup plus proéminents que les bourgeons des

**Magnolia à grandes fleurs *(M. grandiflora)* :
a. port ; b. fleur sur rameau feuillé.
Arbre à écorce de Winter *(Drimys winteri)* : c. rameau fleuri (persistant ; winteracées).**

a   b

Ci-dessous : **les fleurs blanches du Magnolia hybride apparaissent en profusion au printemps, avant les feuilles.**

feuilles. Le magnolia de Campbell *(M. Campbellii),* de l'est de l'Himalaya, est un arbre plus grand. C'est un superbe spectacle au printemps, quand il est chargé de fleurs de 25 centimètres. L'arbre aux concombres *(M. acuminata)* est une espèce de l'est de l'Amérique du Nord. Les jeunes fruits ressemblent à de petits concombres rouge rosé. Les fleurs, nées après les feuilles, sont petites, vert glauque et jaunes. Le magnolia de Wilson *(M. Wilsonni)* est un arbre rare de Chine. Ses grandes fleurs blanches parfumées éclosent au début de l'été et sont pendantes. Le magnolia à grandes fleurs *(M. grandiflora)* est une espèce à feuilles persistantes du sud-est des Etats-Unis. Il a des feuilles vert-jaune et porte ses grandes fleurs blanc-crème en été et en automne.

Le tulipier de Virginie *(Liriodendron tulipifera)* a des fleurs comme celles de l'arbre à concombres. Les feuilles sont presque uniques avec leur apex tronqué et leur paire de lobes latéraux.

Le katsura *(Cercidiphyllum japonicum)* de Chine et du Japon se trouve seul dans sa

Ci-dessus : **tulipier *(Liriodendron tulipifera)* : a. port ; b. rameau fleuri. Laurier noble *(Laurus nobilis)* : c. port ; d. rameau avec fleurs mâles ; e. fleurs mâles ; f. fleurs femelles : g. fruit. Avocatier *(Persea americana)* : h. port ; i. rameau fleuri ; j. fleur ; k. fruit. Kassura *(Cercidiphyllum japonicum)* : l. port ; m. feuilles ; n. fruit.**

propre famille, les cercidiphyllacées. Il a de brillantes couleurs d'automne, vives ou pastel. Les jeunes feuilles d'un vert frais sont également très attrayantes.

La famille des lauriers (lauracées) est un vaste groupe de plantes tropicales ou subtropicales. Elles contiennent des huiles aromatiques dont la senteur, lorsqu'on écrase les feuilles, est délicieuse. Cependant, si l'on respire trop l'arôme délicat du laurier de Californie *(Umbellularia californica),* une forte migraine se déclenchera après deux ou trois heures. Le laurier noble *(Laurus nobilis),* originaire de la région méditerranéenne, fournit les feuilles de laurier utilisées en cuisine ; dit laurier d'Appollon ou des poètes, il servait à tresser les couronnes des généraux, des empereurs et des poètes chez les Romains. De là vient le titre de poète lauréat, de même que les mots « bachelier » et « baccalauréat » de *bacca laurea,* ou baies de laurier, car les couronnes des poètes portaient des fruits.

L'avocat *(Persea americana)* est un membre tropical de la famille. Il est originaire d'Amérique centrale, et il est cultivé pour son fruit.

La famille des légumineuses

Les légumineuses sont l'une des plus grandes et des plus importantes familles de plantes. Elle comporte approximativement cinq cents genres et quinze mille espèces, dont de nombreuses herbes. On la divise parfois en trois familles : les mimosacées, les césalpinacées et les papilionacées (fabacées).

Le trait commun de toutes les légumineuses est le fruit, ou « légume ». C'est une structure aplatie en forme de cosse dont les deux moitiés s'ouvrent à la maturité. Des semences alternes sont attachées au sommet de chaque moitié. La fleur habituelle — fleur de pois — a cinq pétales. Le pétale supérieur, appelé « étendard », couvre les autres dans le bourgeon. Les deux pétales latéraux sont appelés les « ailes » et les deux inférieurs, attachés ensemble, forment la « carène ».

Les membres de la famille des légumineuses entretiennent sur leurs racines des bactéries qui fixent l'azote atmosphérique et le transforment pour fabriquer les composés azotés utilisés par les cellules animales et végétales, ce qui favorise la croissance de la plante.

L'arbre de Judée (Cercis siliquastrum), originaire de l'est de la Méditerranée, est une légumineuse atypique. La plupart des légumineuses ont des feuilles pennées ou doublement pennées, mais, dans l'arbre de Judée, elles sont simples et rondes, bien que certaines aient une entaille à l'apex. L'arbre de Judée donne aussi des fleurs sur le vieux bois, et pas seulement sur les rameaux de l'année ou de l'année précédente. Le caroubier (Ceratonia silica) fleurit également sur le vieux bois, mais ses feuilles ont de deux à cinq paires de folioles sans foliole terminale. Ses graines constituaient le poids « carat » à l'origine tandis que ses gousses brunes et douces étaient les « caroubes » que mangeait saint Jean-Baptiste.

Le févier à trois épines (Gleditsia triacanthos) a un feuillage penné ou doublement penné. Les fleurs n'ont pas la véritable disposition des pétales des fleurs de pois. Des gousses tordues en spirales atteignant jusqu'à 45 centimètres et pleines d'une pulpe sucrée leur succèdent. Le févier, originaire de l'est de l'Amérique du Nord, a des groupes d'épines à trois pointes sur le tronc à écorce noire et sur les branches. Le robinier (Robinia pseudoacacia), de même origine, a deux courtes épines courbées à côté de chaque bourgeon sur les rameaux vigoureux. Les feuilles sont pennées et protègent les bourgeons à la base du pétiole. Aux fleurs blanches succèdent de courtes gousses sèches. Le cytise (Laburnum anagyroides et L. alpinum) a des feuilles trifoliées (c'est-à-dire composées de trois folioles). Les racèmes de fleurs jaunes sont un spectacle attrayant au début de l'été. Les semences sont vénéneuses, comme celles de bien d'autres légumineuses. La glycine (Wiesteria sinensis) est une légumineuse grimpante.

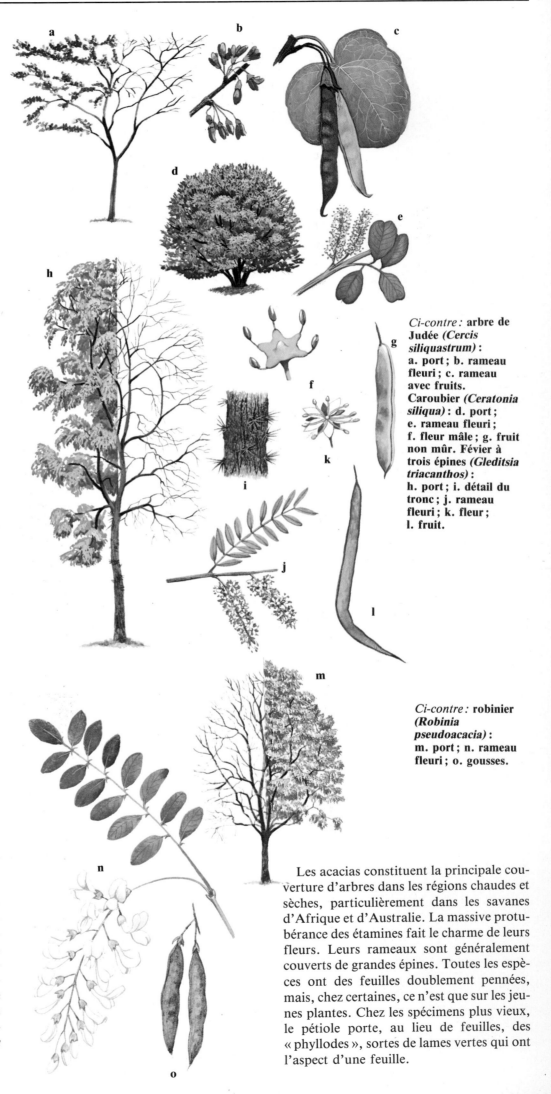

Ci-contre : **arbre de Judée** *(Cercis siliquastrum) :* **a. port ; b. rameau fleuri ; c. rameau avec fruits. Caroubier** *(Ceratonia siliqua) :* **d. port ; e. rameau fleuri ; f. fleur mâle ; g. fruit non mûr. Févier à trois épines** *(Gleditsia triacanthos) :* **h. port ; i. détail du tronc ; j. rameau fleuri ; k. fleur ; l. fruit.**

Ci-contre : **robinier** *(Robinia pseudoacacia) :* **m. port ; n. rameau fleuri ; o. gousses.**

Les acacias constituent la principale couverture d'arbres dans les régions chaudes et sèches, particulièrement dans les savanes d'Afrique et d'Australie. La massive protubérance des étamines fait le charme de leurs fleurs. Leurs rameaux sont généralement couverts de grandes épines. Toutes les espèces ont des feuilles doublement pennées, mais, chez certaines, ce n'est que sur les jeunes plantes. Chez les spécimens plus vieux, le pétiole porte, au lieu de feuilles, des « phyllodes », sortes de lames vertes qui ont l'aspect d'une feuille.

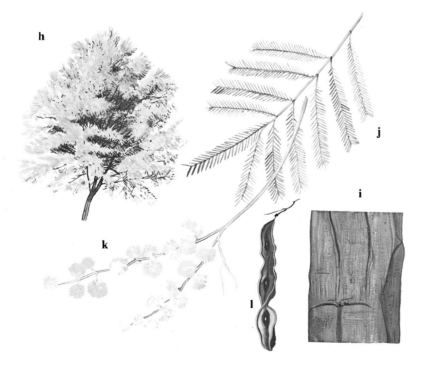

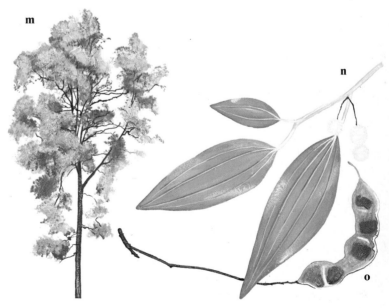

Ci-dessus : cytise alpin *(Laburnum alpinum)* :
a. port ; b. rameau fleuri ; c. grappe de
fruits ; d. fruit mûr. Cytise commun
(Laburnum anagyroides) : e. port ; f. rameau
fleuri ; g. fruit mûr.

Ci-dessous : mimosa *(Acacia dealbata)* :
h. port ; i. écorce ; j. feuille ; k. fleurs ;
l. gousse.

Ci-dessus : la plupart des acacias d'Afrique
sont munis de longues épines. Ce spécimen
porte aussi des galles parasitaires.

Ci-dessous : acacia à bois noir
(A. melanoxylon) : m. port ; n. phyllodes avec
inflorescence ; o. gousse.

61

La famille des rosacées

La famille des Rosacées comporte quatre divisions dont deux seulement contiennent des arbres, et ceux-ci dépassent rarement les quinze mètres. Ce sont les prunoïdées, dont les cerisiers *(Prunus)* sont l'élément central, et les pomoïdées qui comprend les pommiers *(Malus)*.

Les cerisiers *(Prunus)* sont le seul arbre des prunoïdées. Le fruit est une drupe, un fruit charnu qui ne s'ouvre pas et qui contient un noyau dur. Le genre contient divers groupements d'espèces. Les cerisiers, dont le type est le cerisier des oiseaux ou merisier *(P. avium)*, ont des fleurs en ombelles qui apparaissent un peu avant ou en même temps que les feuilles. Le cerisier à grappes *(P. padus)* porte ses fleurs et ses fruits sur un racème feuillu. Il est originaire du continent eurasiatique, depuis l'Écosse jusqu'à la Mandchourie. Le laurier-cerise *(P. laurocerasus)* et le laurier du Portugal *(P. lusitanica)* ont tous deux un feuillage persistant. Dans les sections amandier-prunier-abricotier du *Prunus*, le noyau est cannelé, et la floraison se fait généralement sur les branches nues. Dans les pruniers comme le myrobolan *(P. cerasifera)* et le prunellier *(P. spinosa)*, les fruits sont couverts d'un duvet cireux. Dans l'abricotier *(P. armeniaca)*, les fleurs sont sessiles, les fruits, velus, et les rameaux n'ont pas de bourgeon terminal. L'amandier *(P. amygalus)* et le pêcher *(P. persica)* ont des fruits velus et des noyaux grêlés et cannelés.

Les pomoïdées se distinguent par leur fruit qui est une pomme.

Dans l'aubépine commune *(Crataegus monogyna)*, le fruit contient un seul noyau entouré d'une mince couche de chair. L'aubépine a deux styles *(C. oxyaoantha)*, des fruits à deux noyaux, alors que d'autres espèces en comptent jusqu'à cinq. Le cotoneaster diffère de l'aubépine commune par

Ci-dessous : **aubépine commune (Crataegus monogyna) : i. port ; j. rameau fleuri ; k. fruit.**

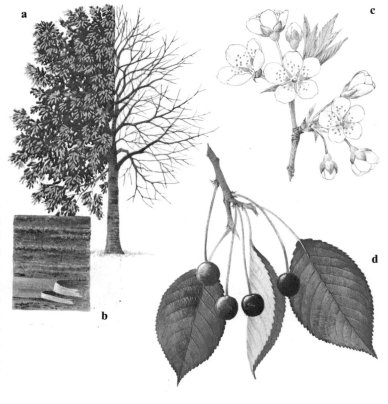

Ci-contre : **cerisier des oiseaux (Prunus avium) : a. port ; b. écorce ; c. fleurs ; d. rameau feuillé avec fruits. Cerisier à grappes (Prunus padus) : e. port ; f. écorce ; g. rameau feuillé avec fleurs ; h. fruits.**

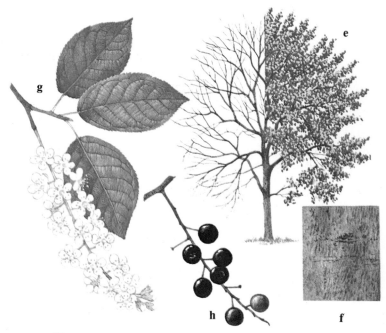

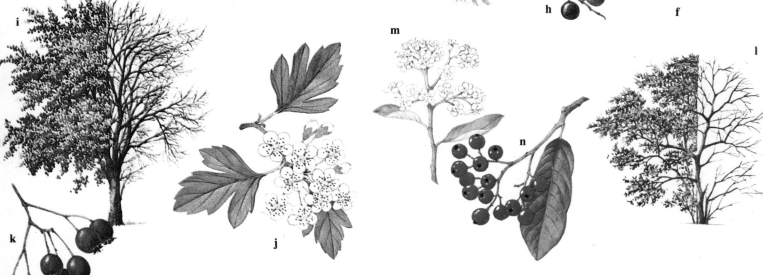

Ci-dessus : **cotoneaster (Cotoneaster frigidus) : l. port ; m. rameau fleuri ; n. fruit.**

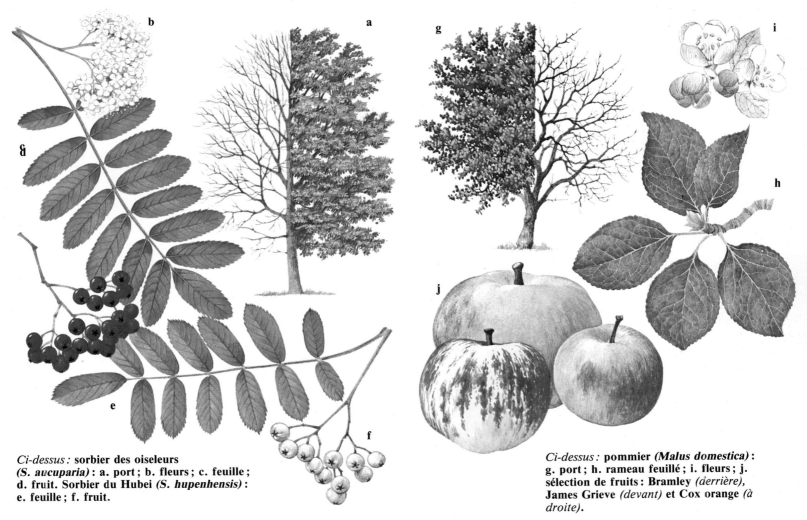

Ci-dessus : **sorbier des oiseleurs
(S. aucuparia) : a. port ; b. fleurs ; c. feuille ;
d. fruit. Sorbier du Hubei (S. hupenhensis) :
e. feuille ; f. fruit.**

Ci-dessus : **pommier (Malus domestica) :
g. port ; h. rameau feuillé ; i. fleurs ; j.
sélection de fruits : Bramley** *(derrière),*
James Grieve *(devant)* **et Cox orange** *(à
droite).*

les feuilles qui sont entières, ni dentées ni lobées, et par l'absence d'épines. Le cotoneaster arborescent de l'Himalaya *(C. frigidus)* est semi-persistant et peut atteindre 15 mètres.

Le genre *Sorbus* comprend les sorbiers et les alisiers. Le sorbier des oiseleurs *(S. aucuparia)* a des baies rouges qui se flétrissent vers le milieu de l'été et que dévorent les oiseaux. Le sorbier du Hubei *(S. hupehensis)* a des baies blanches qui se maintiennent presque jusqu'à Pâques. Les alisiers *(S. aria)*

ont de simples feuilles dentées. Elles sont d'abord couvertes d'un duvet blanc argenté qui ne se maintiendra que par-dessous. Le cormier *(S. domestica)* est superficiellement semblable au sorbier, mais ses fleurs sont botaniquement différentes. Le fruit est grand (jusqu'à 2 centimètres).

Les pommiers *(Malus)* diffèrent des sorbiers : les fleurs sont en racèmes ombellifères et non en corymbes denses. Le pommier de verger *(M. domestica)* est un hybride complexe sélectionné pour son fruit. Le pom-

mier de Sibérie *(M. baccata)* et le pommier du Japon *(M. floribunda)* sont deux espèces ornementales à fleurs criardes et à petits fruits. Les poiriers *(Pyrus)* diffèrent des pommiers par le détail des fleurs et des fruits. Le fruit est presque toujours en forme de poire et contient beaucoup de cellules pierreuses. Le poirier *(P. communis)* est une espèce hybride sélectionnée pour ses grands fruits. Le poirier à feuilles de saule *(P. salicifolia)* possède un feuillage grisâtre comme celui du saule.

**Alisier (Sorbus aria) :
k. port ; l. rameau
fleuri ; m. rameau
avec fruits.**

**Poirier (Pyrus
communis) : n. port ;
o. rameau fleuri ;
p. rameau avec
fruits.**

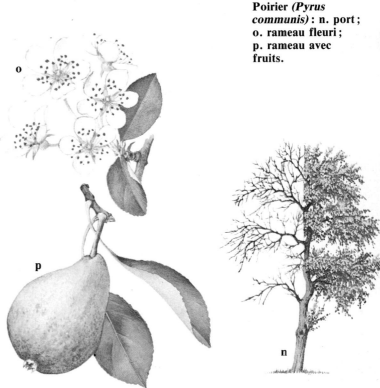

La famille des agrumes

La famille des citrus (rutacées) est d'une importance économique considérable car elle comprend les agrumes. Les autres membres de la famille ont moins d'intérêt. Les rutacées se trouvent dans les régions tropicales et tempérées chaudes, et comprennent cent cinquante genres et un million d'espèces. La caractéristique principale de la famille est la présence des points noirs sur les feuilles : ce sont les glandes à essence qui donnent aux feuilles une forte senteur citronnée lorsqu'on les froisse. Tous les citrus forment de petits arbres de moins de 10 mètres et sont à feuillage persistant. Ils sont originaires d'Indo-Malaisie.

Les fruits des citrus sont bien connus : ce sont l'orange, le citron, le pamplemousse. La baie, juteuse, est divisée en une douzaine de loges contenant les semences, bien qu'on ait sélectionné pour la culture des plantes sans semences. Le fruit est enfermé dans une grosse pelure à deux couches, l'une moelleuse et blanche, l'autre colorée et pleine de glandes à essence. En dehors de l'industrie du fruit charnu, on distille les essences naturelles de la pelure qui servent en parfumerie.

Le citronnier *(Citrus limon)* a des fleurs que l'on trouve souvent avec les fruits, comme sur d'autres citrus. Elles sont blanches et délicieusement parfumées, avec cinq pétales. Les feuilles du citronnier ont un pétiole curieusement articulé et fréquemment ailé. Le citronnier possède aussi des rameaux épineux, les épines étant des feuilles modifiées. L'oranger doux *(C. sinensis)*, le grape-fruit *(C. paradisi)*, souvent appelé à tort « pamplemousse », et le limonier *(C. aurantifolia)* diffèrent surtout par leurs fruits. Les mandarines, tangérines ou satsumas (cultivars de *C. reticulata*) ont une peau orange flasque qui s'enlève facilement.

Le *Poncirus trifoliata* japonais est proche du citrus, mais il a des feuilles caduques trifoliées sur un pétiole ailé. Il est épineux et rustique, et son fruit amer mûrit même en Europe occidentale. On s'en sert comme greffon pour les citrus.

Le genre *Zanthoxylum* est surtout tropical, mais certaines espèces sont rustiques. Le fruit s'ouvre par deux valves pour libérer une seule semence noire. Contre le mal de dents, on peut mâcher les fruits du frêne épineux *(Z. americanum)*. L'évodia *(Euodia daniellii)* a un fruit semblable, et il fleurit en automne quand peu d'autres arbres sont en fleurs. Le phellodendron de l'Amour *(Phellodendron amurense)* a une écorce de liège, mais les points noirs des feuilles, caractéristiques de la famille, sont absents. Originaires de l'Asie du Sud-Est, tous deux sont à feuillage caduc.

L'arbre à houblon *(Ptelea trifoliata)* est un petit arbre à feuillage caduc de l'est de l'Amérique du Nord. *Ptelea* est le nom grec de l'orme, et se rapporte au fruit qui ressemble à celui de l'orme.

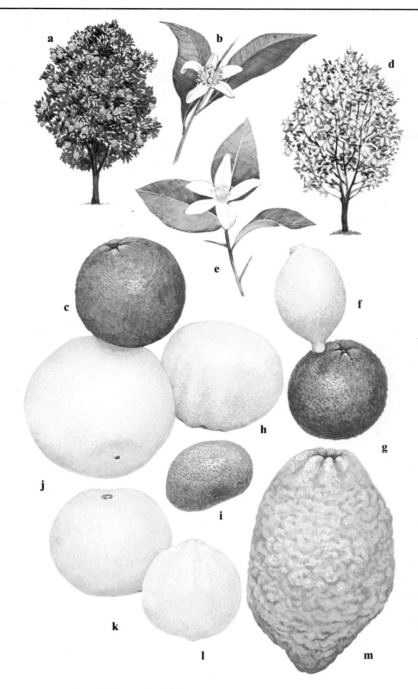

Ci-dessus : **oranger doux** *(Citrus sinensis)* **: a. port ; b. rameau fleuri ; c. fruit. Citronnier** *(C. limon)* **: d. port ; e. rameau fleuri ; fruit. Les fruits de : g.** *Citrus aurantium* **; h.** *Citrus bergamia* **; i.** *Citrus deliciosa* **; j.** *Citrus paradisis* **: k.** *Citrus grandis* **: l.** *Citrus limetta* **; m.** *Citrus medica.*

Ci-dessous : **coupe d'une orange cultivée.**

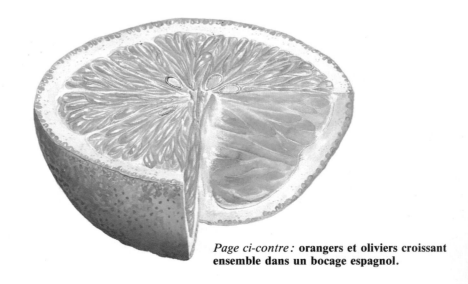

Page ci-contre : **orangers et oliviers croissant ensemble dans un bocage espagnol.**

La famille des myrtes et des protéas

Les myrtes (myrtacées) sont une grande famille comprenant près de trois mille espèces, répandues surtout dans les continents de l'hémisphère sud. Toutes sont ligneuses et à feuillage persistant, allant des bois les plus durs aux arbrisseaux broussailleux.

Le *Myrtus*, parmi ses deux cents espèces, en compte une européenne. C'est le myrte commun *(M. communis)*, un arbuste ou un petit arbre de 5 mètres. Il a des feuilles cuivrées, opposées, piquées de glandes tout comme les rameaux et les parties florales. Les fleurs odoriférantes solitaires naissent en été et les baies rouge-noir leur succèdent en automne. Le myrte à écorce orange *(M. luma)* est originaire des forêts tempérées d'Amérique du Sud. C'est un arbre de 20 mètres et sa caractéristique est son écorce brune qui s'écaille.

L'eucalyptus est le genre le plus courant. Il compte quelque six cents espèces, presque toutes australiennes, dont les plus grands arbres à bois dur du monde, avec le *E. regnans* de Tasmanie qui dépasse les 100 mètres.

Les eucalyptus possèdent un certain nombre de traits caractéristiques. Les bourgeons floraux se forment pendant l'été précédant leur éclosion. Les pétales se fondent avec le calice en une coiffe, appelée opercule, qui couvre le sommet du bourgeon et tombe lorsque les fleurs s'ouvrent. Le fruit est en forme d'urne, et les graines sont libérées par les fentes du sommet aplati.

Abondante croissance de branches le long d'un tronc d'*Eucalyptus mitida*, après la mort de la couronne due à un froid intense au cours de l'hiver de 1978.

Ci-dessous : **gummier rouge (*E. camaldulensius*) : a. port ; b. écorce ; c. feuilles juvéniles ; d. feuilles adultes ; e. inflorescence en bouton ; f. fruit. Gummier bleu (*E. globulus*) : g. port ; h. écorce ; i. feuilles juvéniles ; j. rameau fleuri ; k. fruit.**

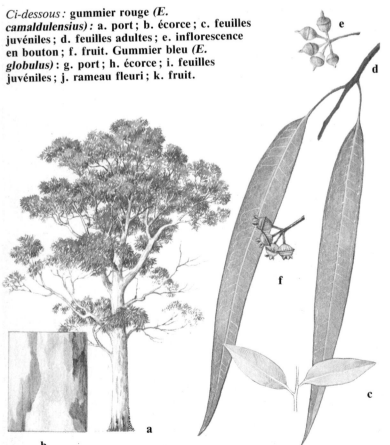

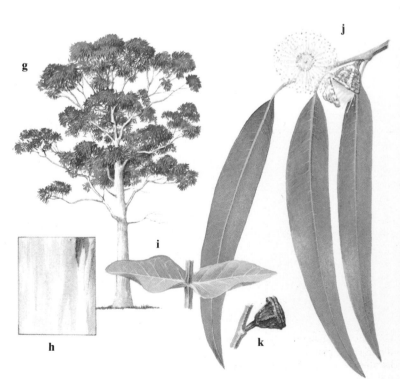

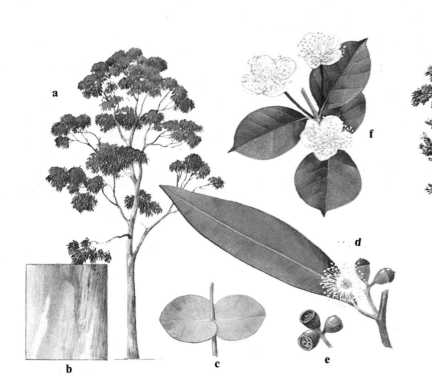

Les eucalyptus développent cinq types de feuilles différents : des cotylédons, de jeunes pousses, des feuilles juvéniles, des feuilles intermédiaires et des feuilles adultes. Des feuilles juvéniles se forment chaque fois qu'un arbre adulte est élagué, mais l'eucalyptus a le remarquable don de refaire de nouvelles pousses à partir du méristème dormant, ou à partir des racines tubéreuses (des nodosités ligneuses qui se forment au niveau du sol, faites pour résister au passage du feu).

Le gummier-cidre *(E. gunnii)* est l'une des espèces les plus vivaces. On peut tirer du cidre de sa sève. Le gummier bleu *(E. globulus)* est un arbre à croissance rapide recherché pour son bois dans les climats tempérés chauds et comme massifs d'été dans nos pays. Il a de longues feuilles en forme de faucille et de grandes capsules à floraison unique. Le gummier rouge *(E. camaldulensis)* a été décrit pour la première fois en Italie bien qu'il soit largement répandu en Australie. Le fruit comporte quatre valves triangulaires recourbées.

Les eucalyptus fournissent du bois, mais aussi de nombreuses essences spéciales distillées à partir des feuilles. Les clous de girofle sont les bourgeons floraux du *Syzygium aromaticum,* et le goyavier *(Psidium guajava)* est une espèce d'Amérique centrale dont le fruit est comestible.

La famille des protéas (protéacées) appartient à l'hémisphère sud, avec plus de mille espèces d'arbres et d'arbustes, tous à feuilles alternes.

Le banksia a des vastes têtes florales qui peut comporter plus d'un millier de fleurs. Le buisson ardent chilien *(Embothrium coccineum)* a des fleurs flamboyantes au début de l'été. C'est un arbre à feuillage persistant, vivace, à colonne étroite. Le waratah *(Telopea truncata),* la fleur nationale tasmanienne, est un arbre semblable, plus petit, et sans le vif éclat de l'*Embothrium.* Tous deux portent des têtes de vingt à trente fleurs rouges tubulaires.

Famille des tilleuls, érables, platanes et marronniers

La famille des tilleuls (tiliacées) est un groupe d'arbres et d'arbustes surtout tropicaux. Pour les arbres, le genre principal est le tilleul *(Tilia* sp). On le trouve surtout dans les régions tempérées de l'hémisphère Nord. Les fleurs, qui ont un riche parfum, sont sous-tendues par une grande bractée feuillée dont la base est soudée au pédoncule. Le fruit est un akène.

Le tilleul à petites feuilles *(Tilia cordata)* et le tilleul à grandes feuilles *(Tilia platyphyllos)* sont parmi les plus grands feuillus d'Europe, le dernier atteignant 45 mètres. Ils sont atypiques, en ce sens que les poils des feuilles sont simples alors que ceux de la plupart des tilleuls sont ramifiés ou fasciculés. Dans le tilleul argenté *(T. tomentosa)*, les poils sont en forme d'étoile et fortement comprimés sur le dessous de la feuille. Le tilleul commun *(T. x europa)* est un hybride entre les tilleuls à grandes et à petites feuilles.

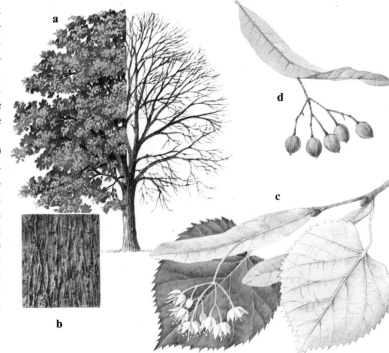

Ci-contre : **tilleul argenté** *(T. tomentosa)* : a. port ; b. écorce ; c. rameau fleuri ; d. fruit. **Tilleul à grandes feuilles** *(T. platyphyllos)* : e. port ; f. écorce ; g. feuille ; h. fleurs ; i. fruit. **Tilleul à petites feuilles** *(T. cordata)* : j. port ; rameau fleuri ; l. fruit. **Erable plane** *(Acer platanoides)* : m. port ; n. rameau fleuri ; o. feuille ; p. jeunes fruits. **Sycomore** *(Acer pseudoplatanus)* : q. port ; r. rameau fleuri ; s. fruits.

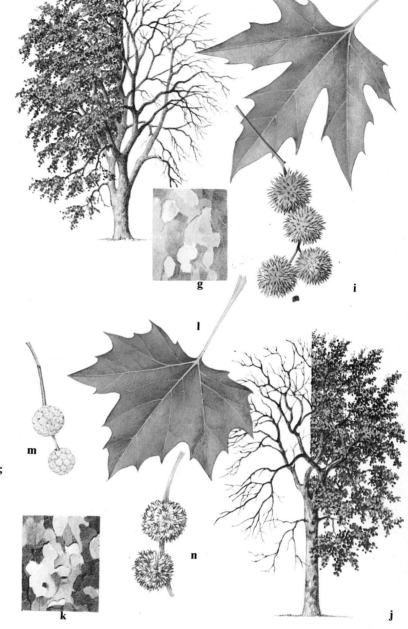

La famille des érables (acéracées) n'est constituée que par un autre genre, en dehors de l'*Acer*, l'érable si largement répandu. Le sycomore *(Acer pseudoplatanus)* est une espèce d'Asie occidentale et d'Europe qui fournit un fin bois de placage. L'érable plane *(Acer platanoides)* a une distribution semblable à celle du sycomore. Les feuilles ont des lobes entiers, dentés aux épaules, et se dorent en automne. La sève de la tige est laiteuse. L'érable negundo *(A. negundo)* est une espèce américaine. On en tire parfois un sirop, mais celui-ci vient surtout de l'érable argenté *(A. saccharum)* qui a des feuilles comme l'érable plane, mais sans sève laiteuse.

La famille des platanes (platanacées) est un petit groupe d'environ dix espèces. La principale est le platane à feuilles d'érable *(P. x hispanica)* qui est un hybride entre le platane oriental *(P. orientalis)* de l'est de la Méditerranée et le sycomore américain *(P. occidentalis)*.

Les platanes diffèrent des érables par leurs feuilles alternes et les bourgeons coniques d'hiver qui sont cachés sous le pétiole. Le fruit est un amas de semences globulaires qui pend par groupes de deux ou trois. Presque toutes les parties du platane sont couvertes de poils stellés.

La famille des marronniers (hippocastanacées) est un petit groupe des régions tempérées de l'hémisphère Nord et de l'Amérique centrale tropicale. Ses grandes feuilles composées palmées vont par paire sur de forts rameaux et la bogue, qui contient une grande graine (parfois davantage), permet de distinguer le genre principal *(Aesculus)*. Le marronnier d'Inde *(A. hippocastanum)* est un arbre rare des Balkans. Il a de grands bourgeons d'hiver résineux et des fruits épineux. La graine, ou marron, est d'un riche brun acajou, et elle est marquée d'une cicatrice, ou « hile », brun pâle.

Ci-dessus : **érable negundo *(A. negundo)* : a. port ; b. fleurs mâles ; c. fleurs femelles ; d. feuille ; e. fruit. Platane oriental *(P. orientalis)* : f. port ; g. écorce ; h. feuille ; i. têtes fructifères.**

Ci-dessus : **platane à feuilles d'érable *(P.x hispanica)* : j. port ; k. écorce ; l. feuille ; m. chatons mâles ; n. chatons femelles.**

Ci-dessous : **marronnier *(Aesculus hippocastanum)* : o. port ; p. feuille ; q. fleur ; r. fruit et semence.**

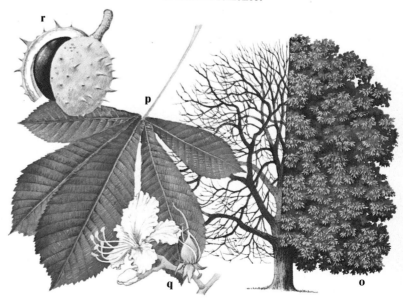

Les familles des oliviers et des ébéniers

La famille des oliviers et des frênes (oléacées) est très cosmopolite, avec des espèces dans les six continents. Elle comporte deux sous-familles centrées autour de l'*Olea,* qui comprend des arbres et des arbustes, et du *Jasminum,* qui comprend peu d'arbres mais de nombreux arbustes et plantes grimpantes. La famille tire son nom d'*Olea,* l'olivier. Cet arbre ne se trouve que dans les régions tempérées chaudes et sous les tropiques. L'olivier *(O. europea)* a une forte importance commerciale et il est planté en grandes quantités dans toute la région méditerranéenne. Sa zone d'origine est probablement l'Asie du Sud-Ouest.

Les troènes *(Ligustrum)* sont surtout connus comme arbustes de haies, mais ils comprennent quelques beaux petits arbres. Le troène de Chine *(L. lucidum)* est un bel arbre persistant pouvant atteindre 15 mètres et plus. Il a des feuilles brillantes et fleurit à la fin de l'été.

Chez les frênes *(Fraxinus),* le fruit est une samare, ou akène ailée. Le frêne commun *(F. excelsior)* appartient à cette section du genre dans laquelle les fleurs poussent sur les branches nues au printemps, avant les feuilles, et sont démunies de pétales ou de sépales. Il a aussi des bourgeons noirs et une écorce gris pâle aux sillons entremêlés. Le frêne à feuilles étroites *(F. angustifolia)* a une écorce gris sombre, presque noirâtre ; il est originaire de la moitié orientale de la Méditerranée. L'orne ou frêne à manne *(F. ornus)* d'Europe méridionale et d'Asie occidentale appartient à une autre partie du genre. L'écorce est lisse et gris sombre, les bourgeons gris brun. Le sucre de manne est produit, lorsque l'écorce est endommagée, et on peut le récolter en pratiquant des entailles dans le tronc.

La famille des ébéniers (ébénacées) est composée du genre *Diospyros,* très répandu,

Ci-dessus : **troène de Chine *(Ligustrum lucidum)* : a. port ; b. rameau fleuri ; c. fleur ; d. fruit. Olivier *(Olea europea)* : e. port ; f. rameau fleuri ; g. fleur ; h. fruit.**

Ci-contre : **récolte d'olives noires dans l'île de Corfou.**

avec quatre cents à cinq cents espèces (dont la moitié en Malaisie) et un second genre insignifiant. L'important, dans le *Diospyros*, c'est l'ébène, un bois noir, précieux, dur et à grain fin, que l'on tire de diverses grandes espèces, notamment le *D. ebenum*, de Sri Lanka, et le *D. reticulata*, de l'île Maurice. Les arbres donnent aussi des fruits économiquement importants : le kaki et la datteprune. Ce sont de grandes baies contenant plusieurs pépins. La chair en est très astringente tant que le fruit n'est pas complètement mûr.

L'espèce *Diospyros* a un port de croissance fortement monopode, c'est-à-dire avec une axe central puissant et un branchage plutôt horizontal. L'écorce, et c'est typique, est curieusement divisée en petits carrés noirs. Le plaqueminier du Japon *(D. lotus)* est largement distribué, de l'Asie Mineure à la Chine, mais il est possible que son aire ait été modifiée jadis par de nouvelles introductions. Les fruits sont petits. Le kaki *(D. kaki)* est une espèce chinoise très cultivée pour ses fruits.

Ci-contre : **orne (Fraxinus ornus) :**
a. port ; b. écorce ; c. feuille ; d. partie d'inflorescence ; e. fleur ; f. fruits.

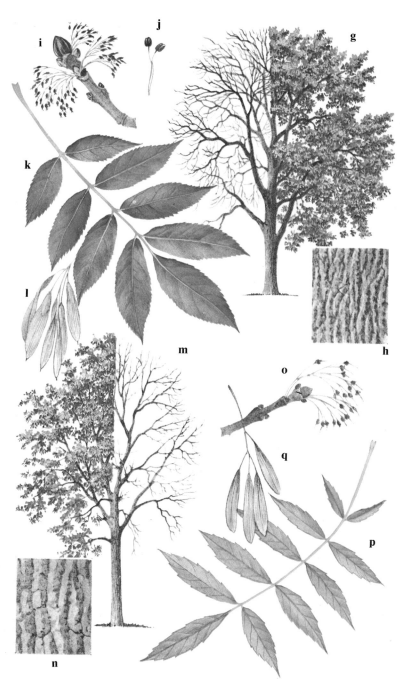

Ci-contre : **frêne commun (F. excelsior) : g. port ; h. écorce ; i. rameau fleuri ; j. fleur mâle ; k. feuille ; l. fruits. Frêne à feuilles étroites (F. angustifolia) : m. port ; n. écorce ; o. rameau fleuri ; p. feuille ; q. fruits.**

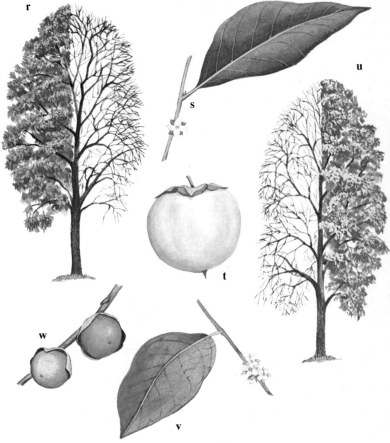

Ci-dessus : **plaqueminier du Japon (Diospyros lotus) : r. port ; s. fleur femelle ; t. fruit. Kaki (Diospyros kaki) : u. port ; v. feuille avec fleurs mâles ; w. fruit non mûr.**

La famille des palmiers

La famille des palmiers (palmacées) est un groupe primitif de plantes qui sont presque exclusivement réparties dans les régions tropicales et tempérées chaudes. La moitié des deux mille huit cents espèces se trouve en Extrême-Orient. Il y en a moins en Amérique et en Afrique, et seulement deux espèces en Europe.

Ce sont surtout des arbres, mais on dénombre aussi des arbustes, et quelques-uns sont même des plantes grimpantes. Les palmiers sont étranges : ils n'ont qu'un seul point de croissance, ou bourgeon, et n'ont pas la possibilité d'en développer d'autres. Si son unique bourgeon est détruit ou endommagé, toute la plante se flétrit et meurt. Il n'y a que quelques rares exceptions, et celles-ci ont un branchage primitif dichotomique ou fourchu.

Les monocotylédones n'ont pas la capacité de fabriquer d'autres tissus ligneux après l'élaboration de la tige. Dans les gymnospermes et dans les plantes dicotylédones, le rameau ou la tige est formé par des tissus ligneux primaires, puis, chaque année, une nouvelle couche de tissus secondaires conducteurs d'eau s'y ajoute. Les palmiers doivent fabriquer tout leur tissu ligneux dès le départ : une difficulté pour la jeune pousse destinée à former un arbre de 15 à 25 mètres en partant d'une graine aussi petite qu'un noyau de datte. Pendant le stade juvénile, le jeune pied doit développer une base aussi large que le tronc final.

Le bois des palmiers se compose de faisceaux de tissu vasculaire disposés dans des cellules d'emballage ligneuses. Les faisceaux

Ci-dessous : **fruit du palmier à huile** *(Elais guineensis)*, **dont on tire l'huile de palme.**

Ci-contre : **palmier de Chine** *(Trachycarpus fortunei)* **: a. port ; b. feuille ; c. inflorescence. Dattier** *(Phoenix dactylifera)* **: d. port ; e. feuille ; f. grappe de fruits ; g. fruit isolé.**

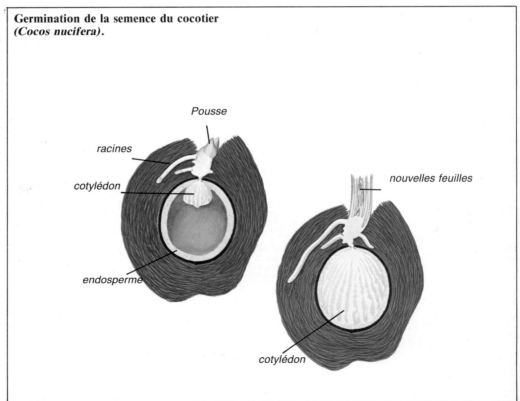

Germination de la semence du cocotier *(Cocos nucifera).*

peuvent s'étendre de façon égale, mais, lorsqu'ils se concentrent autour du périmètre, un bois extrêmement dur se forme. On peut l'utiliser comme bois de charpente.

Les palmiers n'ont de feuilles que sous le bourgeon terminal, et elles peuvent être pennées ou en forme d'éventail. De nombreux palmiers fleurissent de façon intermittente pendant de nombreuses années à partir d'inflorescences latérales, mais un certain nombre d'espèces sont monocarpiques : dans ce cas, l'inflorescence est terminale et la plante meurt après une vigoureuse poussée de floraison qui utilise l'amidon stocké dans la tige pendant plusieurs saisons. Les parties florales vont par trois, et, dans certaines espèces, les inflorescences sont très complexes et peuvent compter jusqu'à deux cent cinquante mille fleurs.

Les palmiers fournissent un grand nombre de produits utiles. Les dattes viennent du dattier *(Phoenix dactylifera)*. Les noix de coco, le coprah et la fibre de coco viennent du cocotier *(Cocos nucifera)*. L'huile de palme est tirée du palmier à huile *(Elaeis guineensis)*. Quant au sagou, c'est la pulpe d'amidon extraite de la tige des espèces du genre *Metroxylon*.

Le palmier de Chine *(Trachycarpus fortunei)* est l'un des palmiers les plus vivaces. Bien exposé, il résiste aux hivers moyens de France.

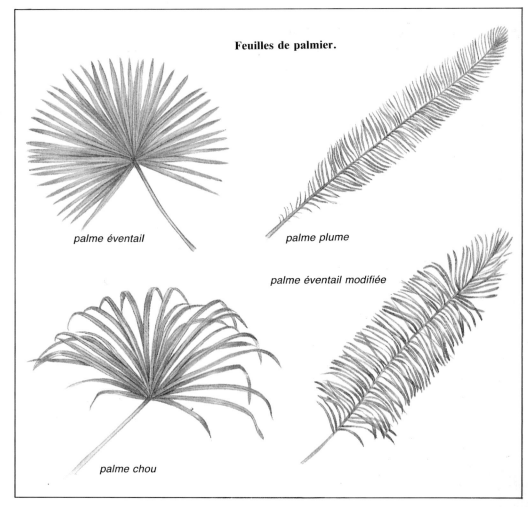

Feuilles de palmier.

palme éventail

palme plume

palme éventail modifiée

palme chou

Fermier portant un vêtement de fibres de Trachycarpus non tissées.

Ci-contre : **Cocotiers : un paysage traditionnel des plages tropicales et une importante source de nourriture.**

Les bambous et les fougères arborescentes

Les bambous (graminées) sont des herbes ligneuses et se comportent comme des herbes à plusieurs égards. Ils ressemblent à des arbustes ou à des arbres, certaines espèces tropicales pouvant atteindre 40 mètres. Ce sont des monocotylédones.

Les bambous font toute leur nouvelle croissance à partir du rhizome (ou système racinaire). Les nouveaux jets, ou chaumes, s'accroissent inférieurement. C'est parce qu'elles croissent du bas (et non par le haut comme chez presque toutes les autres plantes) que les herbes supportent si bien qu'on les paisse et qu'on les broute.

Les chaumes de la plupart des espèces croissent en deux phases. Dans la première, qui dure à peu près trois mois, le chaume se fait. A ce stade, il n'est qu'une simple canne comportant de nombreux nœuds, chacun dans un fourreau. Dans la phase suivante, qui se produit l'année d'après chez les espèces tempérées, les pousses qui portent les feuilles sortent des bourgeons à chaque nœud. Les feuilles sont persistante, plates et larges, avec des nervures parallèles.

Les bambous sont monocarpes : ils fleurissent une fois, généralement sur une période de quelques années, et puis meurent. Le fait curieux, chez les bambous, c'est qu'ils disposent d'une horloge biologique presque parfaite, et que tous les membres d'une espèce, qu'ils soient cultivés en Europe, en Asie, en Amérique ou en Nouvelle-Zélande, fleurissent en même temps. La période précédant la floraison varie : dans certains cas, elle n'est que de vingt-cinq ans mais dans d'autres elle dépasse le siècle.

Les bambous se divisent en espèces qui se forment en touffes, dans lesquelles la tige sort d'un point et où l'extension du bouquet est extrêmement lente, et en espèces rhizomateuses, dans lesquelles des stolons, ou rhizomes, s'écartent de plusieurs mètres du bouquet, formant des chaumes et de nouveaux bouquets en route. Ils ont besoin d'humidité et ne tolèrent ni la sécheresse ni les sites venteux. A l'état naturel, on les trouve surtout en Asie orientale, avec un peu moins d'espèces en Amérique.

L'arundinaria (d'Amérique et d'Asie), le sasa (du Japon) et le chusquea (d'Amérique centrale et du Sud) ont tous des tiges droites et rondes. Le sasa est nain, et n'a qu'une seule branche à chaque nœud. Le chusquea en possède beaucoup et diffère par ses caractères floraux.

Le *Phyllostachys* (Japon, Chine et Himalaya) et le *Shibataea* (Asie orientale) ont des tiges en zigzag et sont aplatis alternativement de chaque côté au-dessus des nœuds. Dans le *Shibataea,* les chaumes sont solides.

Les fougères arborescentes (dicksoniacées et cyathéacées) sont des plantes qui produisent des spores, et ces deux petites familles sont les seuls survivants ligneux de celles qui ont formé les dépôts de pétrole et de charbon. Ils doivent être protégés des gelées et des vents desséchants, de même que de l'humidité et de l'ombre. A l'état naturel, ils se limitent aux régions tropicales et tempérées chaudes.

Le *Dicksonia antarctica* de Nouvelle-Zélande est l'une des espèces les plus vivaces. Elle forme un arbre de 10 mètres, avec un bouquet de feuilles qui ressemble à celui du palmier. Le tronc est largement couvert de poils bruns. Les cyathéacées sont la principale famille de fougères arborescentes, avec quelques espèces qui croissent jusqu'à 25 mètres. Le *Cyathea dealbata* de Nouvelle-Zélande a des feuilles d'un glauque éclatant par-dessous.

Page ci-contre: **une fougère arborescente Punga dans une forêt de Nouvelle-Zélande.**

Ci-dessous: **une plantation de bambous en Malaisie.**

A visiter

Quelques arboretums et jardins botaniques :

en France
Jardin des Plantes, Paris

Arboretum des Barres,
Nogent-sur-Vernisson (Loiret)

Arboretum de Chèvreloup, Rocquencourt
(Yvelines)

en Belgique
Jardin botanique de l'Etat, Meise

Serres royales, Laeken, Bruxelles

en Grande-Bretagne
University Botanic Garden, Cambridge

Royal Botanic Garden, Edimbourg

Royal Horticultural Society's Gardens,
Wisley Ripley, Surrey

en Irlande
National Botanic Garden Glasnevin, Dublin

en Espagne
Palmeraie d'Elche, Elche, Murcie

au Canada
Dominium Arboretum, Ottawa

Jardin botanique de Montréal, Montréal

aux États-Unis
Arnold Arboretum, Harvard University,
Jamaica Plain, Massachusetts

National Arboretum, Washington, DC.

en Australie
Melbourne Botanic Gardens, South Yarra,
Victoria

Sydney Botanic Garden, Nouvelle-Galles du
Sud

en Nouvelle-Zélande
Albert Park, Auckland

Index des arbres figurés dans l'ouvrage

La nature chez Bordas

Guide de la nature en France,
préface de Paul-Emile Victor
Un ouvrage pour découvrir la nature, c'est-à-dire à la fois la comprendre et l'observer sur le terrain. Quatre-vingts itinéraires permettent de parcourir la France écologique.
504 pages, 160 × 260, 334 photos en couleur, 46 cartes, 25 itinéraires cartographiés, glossaire, index. Couverture cartonnée illustrée.

« BORDAS NATURE »
Format 250 × 320, reliure toile sous rhodoïd, signet, tranchefiles.

Fleurs sauvages de France et des régions limitrophes
par Henri Romagnesi/Jean Weill
Chaque fleur fait l'objet d'une monographie complète.
2 volumes de 288 pages, 240 planches en couleur.

Champignons d'Europe
par Henri Romagnesi
Description de 491 champignons, étymologie, habitat, importance pratique, espèces voisines.
2 volumes de 256 pages, 395 planches en couleur.

Vivre et survivre dans la nature
par Yves Coineau et L.P. Knoepffler
Pour une incitation constante à vivre en randonneur, en campeur ou en explorateur dans la nature ; une véritable mine de conseils pratiques.
296 pages, 130 × 220, broché, Dunod.

Petit atlas des champignons
par Henri Romagnesi
Cette édition comporte un ensemble de 348 planches en couleur, avec en regard une description précise des champignons et de leurs caractéristiques.
Tome 1 : 460 pages, Tome 2 : 472 pages, Tome 3 : 296 pages, 130 × 180, reliure cartonnée.

Petit guide des champignons
par Henri Romagnesi
175 champignons d'Europe photographiés dans leur milieu naturel.
240 pages, 132 × 210, 175 illustrations en couleur, cartonné, jaquette illustrée.

« PHOTO-GUIDES »
Les plus économiques des guides de terrain, entièrement illustrés de photos en couleur.
128 pages, 120 × 190 environ, 200 photographies en couleur.

Les oiseaux de nos régions
par J. Andrews

Les fleurs sauvages de nos régions
par A. Clark

Les minéraux de nos régions
par A. Clark

Les fossiles de nos régions
par R. Moody

Les papillons de nos régions
par P. Whalley

Les champignons de nos régions
par R. Rayner

Le grand livre des plantes
par Anthony Huxley
Une encyclopédie-promenade illustrée de 250 dessins et photos en couleurs.
240 pages, 220 × 300, entièrement illustré en couleur, reliure toile, jaquette illustrée.

Encyclopédie pratique des cactus et autres plantes grasses
par Gordon Rowley
256 pages, 225 × 315, entièrement illustré de photos et dessins en couleur, reliure toile, jaquette illustrée.

Encyclopédie des minéraux
par Alan Woolley
240 pages, 225 × 305, 150 photos en couleur, nombreux dessins, tableaux et graphiques, reliure toile, jaquette illustrée.

« MULTIGUIDES NATURE »
Une collection de guides d'identification indispensables à tous les écologistes et plus généralement à tous les amoureux de la Nature. Une connaissance vivante en un format pratique.
130 × 200, abondamment illustrés (200 à 1 000), reliure cartonnée, illustré.

Tous les oiseaux d'Europe
par B. Bruun et A. Singer

Les oiseaux de cage et de volière
par R.M. Martin

Tous les chiens du monde
par A. Gondrexon/Ives Browne

Tous les chats du monde
par H. Loxton

Tous les chevaux du monde
par Caroline Silver

Tous les mammifères d'Europe
par Maurice Burton

Tous les pigeons d'Europe
par A. McNeillie

Les insectes d'Europe en couleur
par M. Chiney

Coquillages marins du monde
par A.P.H . Oliver

Tous les reptiles et amphibiens d'Europe
par E.N. Arnold et J.A. Burton

Les poissons des lacs et rivières d'Europe
par P.S. Maitland

Tous les champignons d'Europe
par M. Svroek et Kubicka

Les minéraux, roches et fossiles
par W.R. Hamilton / A.R. Wooley / A.C. Bishop

Les plantes santé qui poussent autour de nous
par L. Thurzova

Les plantes saveur qui ensoleillent votre cuisine
par B. Hiava / B. Tanska

Les nids, les œufs et les poussins d'Europe
par Colin Harrison

Les traces d'animaux
par Sylvain Thomassin

Les papillons d'Europe
par Novak/Severa

Les arbres chez Bordas

Encyclopédie visuelle des arbres
par H. Edlin M. Nimmo
1 000 photos et dessins en couleur pour mieux connaître et aimer les arbres.
256 pages, 220 × 310, illustré en couleur, reliure toile, jaquette illustrée.

Arbres d'Europe occidentale
par Jacques Brosse
646 pages, 184 planches en couleur, index, lexique.

Arbustes
par Jacques Brosse
1 697 espèces d'arbustes, arbrisseaux et lianes de France et d'Europe occidentale.
288 pages, 199 planches en couleur, lexique, index, biographie.

Tous les arbres d'Europe
par C.J. Humphries, J.R. Press et D.A. Sutton
Un multiguide nature entièrement illustré de dessins en couleur, 320 pages.